★ 甘肃省高等学校电子商务运营重点实验室阶段性研究成果 ★

城乡一体化背景下

甘肃省产业体系调整的实证研究

牛永红 著

兰州大学出版社
LANZHOU UNIVERSITY PRESS

图书在版编目（ＣＩＰ）数据

城乡一体化背景下甘肃省产业体系调整的实证研究 /
牛永红著. -- 兰州 : 兰州大学出版社，2017.4
ISBN 978-7-311-05145-7

Ⅰ. ①城… Ⅱ. ①牛… Ⅲ. ①产业体系－调整－甘肃
Ⅳ. ①F269.274.2

中国版本图书馆CIP数据核字(2017)第096805号

策划编辑　张玉安
责任编辑　熊　芳　马媛聪
封面设计　陈　文

书　　名　城乡一体化背景下甘肃省产业体系调整的实证研究
作　　者　牛永红　著
出版发行　兰州大学出版社　（地址：兰州市天水南路222号　730000）
电　　话　0931-8912613(总编办公室)　0931-8617156(营销中心)
　　　　　0931-8914298(读者服务部)
网　　址　http://www.onbook.com.cn
电子信箱　press@lzu.edu.cn
印　　刷　甘肃北辰印务有限公司
开　　本　710 mm×1020 mm　1/16
印　　张　11.25
字　　数　205千
版　　次　2017年5月第1版
印　　次　2017年5月第1次印刷
书　　号　ISBN 978-7-311-05145-7
定　　价　28.00元

目　录

一、绪 论

20世纪80年代以来,随着我国经济发展,特别是沿海发达地区城乡经济关系日趋紧密,城乡功能转型加速进行,二元体制的弊端日益显现。针对我国二元结构的弊端,受马克思主义经典作家有关城乡关系论述以及空想社会主义者提出的城乡融合发展理论的启发,吸收英国伟大的城市学家埃霍华德"田园城市"的思想、美国城市理论家芒福德关于城乡关系的精辟阐述和日本学者岸根卓朗的"混沌思维"精华,我国学者创造性地提出了城乡一体化一词。

从历史角度来看,世界各个国家在发展进程中都经历了城乡关系失衡的问题,不过对于发达国家来说,其工业化和城市化发展历经百年,逐步吸收消化了农村流入城市的人口,城市和乡村的矛盾已经得到缓和。而发展中国家,其工业化和城市化起步较晚,加之思想意识、文化隔阂等各种原因,"城市偏向"与"乡村歧视"的问题并未得到很大改变,致使城乡二元经济结构十分突出,成为发展中国家经济社会文化发展的突出难题。

城乡统筹发展是人类社会的理想,又是我国国民经济和社会发展的迫切需要。新中国成立以后,经济发展基础非常薄弱。国家为了富强,采取优先发展重工业战略,并对农产品实行了低价统派购的政策,对工业消费品实行人为的高价管制,通过工农业产品价格"剪刀差"提取积累支持工业发展,导致工农关系严重失衡。改革开放以后,国家实行坚持公有制的主体地位,鼓励、支持和引导非公有制经济发展的经济制度,其实质为"一个国家,两种制度"的社会经济制度,其结果是重工业、轻农业,重城市、轻农村的倾向,这样就加剧了城乡经济社会的分化,二元经济结构进一步加深。

(一)项目研究背景

1.城乡二元结构的现实存在

长期以来,在诸多客观因素的影响下,甘肃省经济呈现二元对立的局面,虽然近年甘肃省充分发挥后发优势,借助国家政策的优势,逐渐在缩小城乡之间的差异，但二元结构特性仍然很突出。目前，就国家层面分析，西部地区城乡一体化水平远低于东部发达地区，甘肃省作为西部地区内部的欠发达区域，其城乡统筹发展在一定意义上关系到国家全面建成小康社会这一宏大目标的实现。

区域内部城乡二元结构的客观存在，成为制约甘肃省经济社会可持续发展和结构调整、甚至产业演进的最大制约因素。在丝绸之路经济带黄金段和兰州新区、华夏文明传承区建设背景下，在宏观去产能过剩、转变经济增长方式的大形势下，甘肃省必须继承传统区域经济优势，再次考量区域内城乡发展水平，构建城乡统筹发展的新机制、新动力，真正实现城乡一体化发展，形成区域内城乡互动、同步发展的新局面。

根据国家统计局初步核算结果，2013年国内GDP实现568845亿元，人均GDP已远超6000美元，城市化率达53.73%。按照国际经验，接近中上等收入国家的平均水平线，处于新的历史转折时期，如何避免陷入"中等收入国家陷阱"，处理好城乡关系、破解城乡二元结构就显得尤为重要和迫切。2012年所召开的甘肃省第十二次"党代会"报告中指出，甘肃省城乡发展差距是在经济社会欠发达基础上形成的，明确提出推动经济转型跨越发展，坚持用工业化理念发展农业，全面落实强农、惠农、富农政策，促进农民增收，加快农业结构调整，统筹发展社会事业。

因此在区域经济欠发达的背景下，进行甘肃省城乡统筹融合研究使得本项目具有很强的针对性和现实性，从实践上回复类似甘肃省的欠发达地区，如何根据其城乡关系的特殊性及其时空演变线索，寻找影响城乡协调发展及其互动水平的动力因素，建立系统、长期、可行的城乡协调发展机制，促进二元结构的转变和消除，实现城乡统筹协调发展。

此外，目前学术界对东部发达地区城乡关系问题研究较多，对中西部地区的研究偏少。尤其是针对地处西部欠发达地区的甘肃省城乡关系的特殊性而进行的深入、全面、系统的研究成果相对较少，这些促成了本项目研究的动力和目标。本项目在实践中不仅有利于对现有甘肃省统筹城乡发展实践进行系统总结，为进一步推进甘肃省经济社会一体化发展提供决策参考。同时为全国其他地区，特别是落后欠发达区域统筹城乡发展提供必要的经验借鉴、战略思路和政策建议。

2.丝绸之路经济带甘肃黄金段建设

古丝绸之路和新亚欧大陆桥贯穿甘肃全境，全长4129公里的陇海—兰新铁路线在甘肃境内达1527公里，占全程的3/8，在沿线苏、皖、豫、陕、甘、新

6个省区中是独一无二的。

在我国对外开放的总格局中，甘肃具有沿边、沿桥、沿黄的三大优势和地缘条件。甘肃丰富的水土、矿产和旅游资源，雄厚的基础工业、军工企业和科技教育实力使其在丝绸之路经济带建设中存在巨大的发展潜能。《国务院办公厅关于进一步支持甘肃经济社会发展的若干意见》中提出，"要积极扩大甘肃对内对外开放，深化区域协作，全面推进向西开放，积极发展内陆开放型经济，提升甘肃的对外开放水平"。《甘肃省国民经济和社会发展第十二个五年规划纲要》中也提出，"实施向西扩大开放、向东承接合作，打造面向中亚、西亚对外开放的战略平台，大力发展开放型经济，创新外经外贸工作"。

3.华夏文明传承区建设和文化产业大省建设

2010年，国务院《关于进一步支持甘肃经济社会发展的若干意见》中提出要把甘肃建成文化大省。2013年，甘肃成功获得了建设华夏文明传承创新区的重任，这是由国家赋予甘肃的一项关乎中华文化传承的历史性重任，同时，将为进一步促进甘肃发展文化产业并早日实现文化大省的建设目标营造有利的条件。目前甘肃正处于经济转型时期，其产业结构调整以及经济发展也迫切需要文化产业的发展来推动。

目前，在实际层面以华夏文明传承创新区建设为重点的文化战略平台是甘肃省"3341"项目工程"三大战略平台"之一。甘肃省华夏文明传承创新区建设将围绕"一带"，建设"三基地"，打造"十三板块"，简称"1313工程"。

4.循环经济示范区建设

发展循环经济，"是贯彻落实科学发展观的内在要求，是建设资源节约型、环境友好型社会的必由之路，也是转变经济发展方式，实现经济又好又快发展的必然选择。"党的十七大将发展循环经济确立为实现全面建设小康社会奋斗目标的新要求。2009年1月1日始实施的《循环经济促进法》从立法的高度将大力发展循环经济确立为我国经济社会发展的重大战略。

甘肃作为我国西北地区重要的生态屏障和战略通道，是资源丰富、生态脆弱、产业结构偏重、少数民族比例较大、经济社会发展较为落后的省份。作为我国第二批循环经济试点省份，传统的生产方式造成甘肃资源严重浪费、生态环境日益恶化，因此迫切需要转变这种落后的生产方式，进行产业调整。

5.兰州新区建设

国办印发了《国务院关于同意设立兰州新区的批复》，同意设立兰州新区。

至此，兰州新区继浦东新区、滨海新区、两江新区、舟山群岛新区之后，成为国务院正式批复的第五个国家级新区，也是西北地区的第一个国家级新区。这是甘肃省转型跨越、富民兴陇战略的一个重大突破，对甘肃、西北乃至未来整个西部大开发的格局都将产生深远影响，在中国经济区域平衡化发展的进程中具有举足轻重的战略影响，是党和国家深化西部大开发的一项重大决策。

综上所述，新时期改变经济增长方式，推动产业结构优化升级，培育和发展主导产业是甘肃省实现经济社会可持续发展的必然选择。

(二)研究意义

城乡统筹融合发展作为具有鲜明中国特色的系统工程，属于快速发展的动态过程。目前，对于城乡融合发展的科学内涵、经济机制、评价体系、现实障碍、实现路径、制度创新以及政策配套诸问题，还没有形成具有统一标准和研究深度的学术成果。城乡统筹融合发展理论需要开展具有针对性的研究进行完善，以此推进统筹城乡融合发展，促进城乡二元分治向城乡一体、融合发展。

此研究不仅有利于丰富和完善科学发展观的具体内容，深化统筹城乡研究的理论发展，还有助于总结近年来甘肃省城乡统筹发展的经验和不足，进一步揭示城乡关系发展的基本规律及运行机制。本项目拟在新形势下对甘肃省城乡二元结构的区域表现以及欠发达地区当前城乡二元结构形成的本质进行进一步的解释说明，借此发展丰富和深化现有城乡二元理论。同时，本项目的研究成果对最终实现甘肃的全面小康与和谐社会具有较高的学术价值和现实意义。

1.提高甘肃省城乡居民的收入消费水平

从甘肃经济发展现状来看，无论是城镇居民还是农村居民在人均收入水平和消费水平上均大幅度落后于东部地区，甚至还落后于西部一些地区的平均水平。在这一背景下，富民增收，提高甘肃人民生活水平已成为甘肃社会经济发展的题中之意与当务之急。通过对甘肃典型产业的富民效益分析，评价出了一批就业集中度高、增收潜力大的产业，通过对这些产业有针对性的扶持，有利于提高甘肃就业率与收入消费水平。

2.促进甘肃省产业结构的优化升级

产业结构是否科学合理，关系到社会经济是否能够可持续发展，人民是否能够安居乐业，人和自然是否能够和谐共存。通过构建丰富科学的指标体系，从多方面对甘肃典型产业进行比较全面的评价，从中发现这些产业各自的优势与短板，从而有针对性地对这些产业进行调整，促进甘肃产业结构的优化升级。

3.为相关政策提供实证支持

本文的研究涉及农业、工业、服务业 2001—2011 年的数据，所涉及的产业较多、跨度较长，数据量较为丰富，并且对这些数据从描述统计方面做了较为详细的分析，对相关部门的产业发展与富民等政策有一定的参考价值。

(三)研究方法

本项目作为软科学项目，属于应用经济学在社会科学领域的实施，融合经济学、社会学、公共管理等学科的理论知识，以马克思主义统筹城乡理论为指导，借鉴西方发展经济学、制度变迁理论、区域经济学、城市经济学为工具，综合采用归纳与演绎、规范与实证、整体研究与重点分析、理论研究与实地调研、纵向分析与横向比较相结合的方法，对统筹城乡发展的科学内涵、战略思路、主要路径、实现手段、支撑体系等重大问题进行多角度多层面的研究。

具体研究方法介绍如下：使用历史归纳法提炼出甘肃城乡关系演化的脉络，用抽象演绎法寻找出实现甘肃城乡协调发展的途径和措施，同时采取定量分析的方法对甘肃城乡协调发展的发展态势及城乡关系的空间差异进行了分析，试图揭示城乡互动发展的空间变化和分布特征。在以往研究课题调研的基础上，选取甘肃省内有代表性的庆阳、天水等地，尝试应用案例分析法寻求甘肃城乡协调发展模式。

1.拟采取的研究方法、实验方案及可行性分析

本项目作为软科学项目，属于应用经济学在社会科学领域的实施，在研究过程中拟充分运用机制设计理论、比较分析方法、时间序列分析方法等多种研究工具，定性研究和定量研究、问卷调查和案例分析等研究方法均有不同程度的使用，研究方法科学有效。此外，借鉴了新经济增长与发展理论、区域经济学与产业布局学理论和产业体系演变理论，对甘肃省城乡统筹发展的动力机制构建提出了系统的政策性建议。

2.系统化的方法

本文在研究甘肃省城乡统筹发展的过程中，将经济区域作为全国区域和丝绸之路经济带区域的子系统来进行定位分析，以系统的思想来指导分析影响地

区产业布局形成的各种因素，进一步分析各因素之间的联系。

3.比较分析法

以国内外地区或城市群构建中产业结构调整和布局的成熟经验入手，进行问题分析，总结出在地区经济发展中产业结构所具有的普遍性特征，以此来探索甘肃省城乡统筹发展的内在规律。

4.理论与实践相结合的方法

将国内外地区产业结构调整的研究成果应用于甘肃省城乡统筹调整问题之中，在充分考虑经济增长方式转变背景下，将产业理论与城乡统筹发展相关理论相结合，通过实证研究，使理论在实践中得到检验，丰富与完善。

5.定性与定量相结合的方法

利用相关统计资料，重点是统计年鉴对甘肃省城乡统筹发展中的相关问题进行量化分析，进而得出相关依据。

二、相关文献综述

(一)城乡统筹发展理论综述

工业革命以来，城市和农村之间差距日益增大，城市逐渐成为人类先进文明的象征，而农村一直处于落后的处境。这一问题引起许多政治家、思想家开始研究理想的社会状态，并提出了关于城乡一体化发展的诸多观点和方案。

1.空想社会主义思想

早在16世纪，空想社会主义开始产生，那些倡导者们提出了城市与乡村协调发展的模式，希望用理想的社会结构来解决当时社会的矛盾。摩尔提出了构建"乌托邦"的设想，改变了城乡间的对立。傅里叶的"法朗吉"模式，通过这种社会组织形式和分配方案来解决资本与劳动的难题，构建了一种和谐的社会模式，从而实现人人幸福的社会状态。欧文是在农业合作社基础上建立社会化程度较高的新协和村，进而进行社会化的大生产（欧文，1979）。这些美好的设想在现实面前都以失败告终，虽然这些思想超越了当时的历史阶段，但是这种城乡和谐发展的思想意义重大。

2.马克思、恩格斯"城乡融合"理论

马克思指出，消灭城乡之间差别、工农之间差别以及体力劳动者和脑力劳动者之间的差别是实现共产主义的前提。最早提出"城乡融合"概念的恩格斯在《共产主义原理》中他这样表述道："通过消除旧的分工，进行生产教育、变换工种、共同享受大家创造出来的福利，以及城乡的融合，使全体成员得到全面的发展（恩格斯，1979）"。恩格斯认为只有实现了城乡融合，工人与农民间的阶级差别以及人口分布不平衡现象才能真正消失（中共中央马克思恩格斯列宁斯大林著作编译局，1975）。对于社会主义条件下的城乡关系，列宁和斯大林也曾经总结过。列宁认为城市和农村居民的生活条件不断接近是消灭城乡对立的一个重要条件。斯大林则认为"城市和乡村有同等的生活条件"是实现城乡

一体化的重要标志。

二战后，一些国家农村人口的不断增长甚至超过了城市人口的增长速度，这种"逆城市化"的现象，在一定程度上证实了马克思、恩格斯的城乡融合理论是不以人的意志为转移的客观规律。因此我们要以马克思主义城乡发展理论为指导，科学地把握城乡一体化的内涵。

3.霍华德"田园城市"理论

最早提出城乡一体化思想的是英国城市学家霍华德，他主张用新社会结构来代替传统社会结构即用城乡一体化来取代城乡对立。他认为城市和乡村各有优缺点，只有实现城乡一体化才能避免二者的不足之处（埃比尼泽.霍华德，2000）。20世纪60年代，美国城市学家刘易斯·芒福德指出："城与乡，不能截然分开，他们同等重要，应当有机结合在一起。"他认为通过建立新的城市中心形成更大的统一体，重新平衡城乡之间的差距，这样使居民都能享受到城市发展的成果（刘易斯·福德，1989）。

4.缪尔达尔"地理二元结构"理论

这一城乡协调发展的经典理论认为由于经济发展使得人员、资本、技术等要素向先进地区流动，地区发展差距增大，政府需要制定相应的政策来扶持落后地区的发展。他还提出用"回流效应"和"扩散效应"来解释地理二元结构产生的原因和作用机制（缪尔达尔，1980）。

5.麦基 Desakota 模型

这是在20世纪80年代中期由加拿大学者麦基提出来的一种亚洲地区城乡一体化发展的新模式。指的是在人口密集、交通便利的亚热带和热带地区，利用城乡间的互动来带动和促进劳动密集型产业的发展，进而实现农村居民生产和生活方式的转变（麦基，1989）。Desakota模式有一定的创新性，改变了以大城市为主的传统城市化模式，对城乡间的互动作用进行了阐述，为亚洲地区许多国家的城乡一体化发展提供了新的路径，但是 Desakota 理论还有很大的地区局限性，在特征、分类以及动力机制的研究上，还很不全面。

(二)产业理论综述

1.增长极理论

这一理论由法国经济学家佩鲁所提出，其核心内容是在一国经济增长过程中，由于某些主导部门或者有创新力的企业在特定区域或者城市聚集，从而形成一种资本和技术高度集中，增长迅速并且有显著经济效益的经济发展机制，由于其对邻近地区经济发展同时有着强大的辐射作用，因此被称为"增长极"。根据增长极理论，后起国在进行产业布局时，首先可通过政府计划和重点吸引投资的形式，有选择地在特定地区或城市形成增长极，使其充分实现规模经济并确立在国家经济发展中的优势和中心地位。然后凭借市场机制的引导，使得增长极的经济辐射作用得到充分发挥，并从其邻近地区开始，逐步带动增长极外地区经济的共同发展。中国改革开放后，借鉴增长极理论指导产业布局，如经济特区的设立、开放城市的确定、各类开发区的建设等。

2.距离衰减规律

该理论由德国经济地理学家杜能提出，他以区位地租理论解释不同农业部门环状分布时，阐述土地纯收入随土地与城市距离的加大而衰减的理想模式。在具体的区域范围内，地域上的近邻效应使中心城市与周围城市或城镇之间存在诸多方面的经济联系，且关联强度一般大于与区域外部城市间的联系，因此距离衰减规律对地区建设依然有重要的实际意义。该理论是规划地区的重要依据，是地区范围界定的根源之一。

距离衰减规律强调从中心城市与其他城市之间交流强度来分析，距中心城市较近的范围内由于两者间存在诸多方面的经济联系，保持了较高的交流强度。随着与中心城市距离增大，彼此交流强度较之与中心城市变弱，且随距离增加联系更趋松散。因此，拥有明确的中心城市且其周围较近范围内有一批不同规模的其他城市，是地区建设的必备条件。

3.点轴开发理论

点轴开发理论，最早由波兰经济学家萨伦巴和马利士提出。点轴开发理论是增长极理论的延伸，但在重视"点"（中心城镇或经济发展条件较好的区域）增长极作用的同时，还强调"点"与"点"之间的"轴"即交通干线的作用，认为随着重要交通干线如铁路、公路、河流航线的建立，连接地区的人流和物流迅速增加，生产和运输成本降低，形成了有利的区位条件和投资环境。产业和人口向交通干线聚集，使交通干线连接地区成为经济增长点，沿线成为经济增长轴。在国家或区域发展过程中，大部分生产要素在"点"上集聚，并由线状基础设施联系在一起而形成"轴"。

该理论十分看重地区发展的区位条件，强调交通条件对经济增长的作用，认为点轴开发对地区经济发展的推动作用要大于单纯的增长极开发，也更有利于区域经济的协调发展。改革开放以来，我国的生产力布局和区域经济开发基本上是按照点轴开发的战略模式逐步展开的。我国的点轴开发模式最初由中科院地理所陆大道提出并系统阐述，他主张我国应重点开发沿海轴线和长江沿岸轴线，以此形成"T"字形战略布局。

4.网络开发理论

网络开发理论，是点轴开发理论的延伸。该理论认为，在经济发展到一定阶段后，一个地区形成了增长极即各类中心城镇和增长轴即交通沿线，增长极和增长轴的影响范围不断扩大，在较大的区域内形成商品、资金、技术、信息、劳动力等生产要素的流动网及交通、通讯网。在此基础上，网络开发理论强调加强增长极与整个区域之间生产要素交流的广度和密度，促进地区经济一体化，特别是城乡一体化。同时，通过网络的外延，加强与区外其他区域经济网络的联系，在更大的空间范围内，将更多的生产要素进行合理配置和优化组合，促进更大区域内经济的发展。

网络开发理论宜在经济较发达地区应用，由于该理论注重于推进城乡一体化，因此它的应用，更有利于逐步缩小城乡差别，促进城乡经济协调发展。

5.城市圈域经济理论

第二次世界大战后，随着世界范围内工业化与城市化的快速推进，以大城市为中心的圈域经济发展成为各国经济发展中的主流。各国理论界和政府对城市圈域经济发展逐渐引起重视，并加强对城市圈域经济理论的研究。该理论认为，城市在区域经济发展中起核心作用。区域经济的发展应以城市为中心，以圈域状的空间分布为特点，逐步向外发展。该理论把城市圈域分为三个部分，一是有一个首位度高的城市经济中心；二是有若干腹地或周边城镇；三是中心城市与腹地或周边城镇之间所形成的"极化—扩散"效应的内在经济联系网络。

城市圈域经济理论把城市化与工业化有机结合起来，意在推动经济发展在空间上的协调，对发展城市和农村经济、推动区域经济协调发展和城乡协调发展，都具有重要指导意义。

6.二元经济理论

二元经济理论是瑞典经济学家缪尔达尔在《经济理论和不发达地区》一书中提出的。他认为：在后起国家经济发展过程中，发达地区由于要素报酬率较高，投资风险较低，因此吸引大量劳动力、资金、技术等生产要素和重要物质资源等，由不发达地区流向发达地区，从而在一定时期内使发达地区与不发达地区的差距越来越大。另一方面，产业集中的聚集规模经济效益不是无限的，超过一定限度之后，往往会出现规模报酬递减现象。这样发达地区会通过资金、技术乃至人力资源向其他地区逐步扩散，以寻求新的发展空间。

与此同时，发达地区经济增长速度的减慢，会相应增加不发达地区经济增长的机会，特别是对不发达地区产品和资源的市场需求会相应增加。

首先，利用某些地区已形成的某种经济和技术优势，通过制定政府发展计划和重点投资等政策，促使这些地区经济的优先增长。第二，通过差别性的产业布局政策和与此相关的财政、金融政策，引导生产要素和重要资源向先行发展的发达地区转移，使其迅速形成一定的经济、技术规模，并先行赶上国际经济发展的水平。第三，如果在发展初期各地区的经济发展水平差异并不明显，那么政府可通过各种要素和资源条件的比较、生产成本的估算以及社会经济综合因素的统筹，确定优先发展的地区。同时，从控制全国地区之间贫富差距、维护经济相对平衡发展出发，后起国政府必须严格掌握鼓励发达地区经济优先增长的政策力度和实施时机。

7.配第–克拉克定理

配第–克拉克定理是揭示经济发展过程中产业结构变化的经验性学说。早在17世纪，西方经济学家威廉·配第发现，随着经济的不断发展，产业中心将逐渐由有形财物生产转向无形服务性生产。1691年，威廉·配第根据当时英国的实际情况明确指出工业往往比农业、商业往往比工业的利润要多。因此劳动力必然由农转工，而后再由工转商。

英国经济学家克拉克借鉴威廉·配第的研究成果，计量和比较了不同收入水平下，就业人口在三次产业中分布结构的变动趋势。克拉克认为他的发现只是印证了配第在1691年提出的观点，故后人把克拉克的发现称之为配第–克拉克定理。克拉克首先把整个国民经济划分为三个主要部门，即现在普遍称作的三次产业。依次为农业——第一产业、制造业——第二产业、服务业——第三产业。同时，他提出随着时间推移和社会在经济上变得更为先进，从事农业的人数相对于从事制造业的人数趋于下降，进而从事制造业的人数相对于服务业的人数趋于下降。

综上所述，配第-克拉克定理可以表达为随着经济的发展，人均国民收入水平的提高，劳动力首先由第一产业向第二产业转移。当人均国民收入水平进一步提高时，劳动力便向第三产业转移。劳动力在产业间的分布状况是第一产业减少，第二、第三产业将增加。

8.罗斯托的主导部门理论

著名发展经济学家罗斯托根据技术标准把经济成长划分为传统社会、为起飞创造前提、起飞、成熟、高额群众消费、追求生活质量六个阶段，而每个阶段的演进是以主导产业部门的更替为特征的。罗斯托认为经济成长的各个阶段都存在着相应的起主导作用的产业部门，主导部门通过回顾、前瞻、旁侧三重影响带动其他产业部门发展。对于一个特定的发展区域而言，合理地培养主导产业，调整产业结构，会带动区域经济整体持续增长。

9.收入弹性和生产率上升率准则

此理论又称为"筱原基准"，强调市场需求对支柱产业发展的作用力。日本经济学家筱原三代平在20世纪50年代中期提出，产业的收入弹性和产业的生产率上升率是影响产业发展的两个主要因素。

在市场经济条件下，社会需求是推动产业发展最直接、最大的原动力，其结构变化是产业结构变化和发展的原动力。"收入弹性"大的产业，因产品增加而带来更大收入，进而创造了更大需求，从社会获得更大的发展动力。生产率上升较快的产业有着较快的技术进步速度，生产成本低，投入产出高，自然吸引资源向该产业移动，从而在产业结构中占有更大的比例。

"筱原基准"理论实质在于从供求两方面反映产业结构演进的内在根源，其意向在于把收入弹性和生产率上升率高的产业作为主导产业重点发展，使之上升为支柱产业。

(三)国内外研究现状

1.国外研究现状

国外学者对城乡关系的研究一直是学术界的重点，其先将研究重点放在发达国家城乡关系的发展演变上，后来逐步将研究重点转移到发展中国家。目前，重点研究发展中国家城乡关系的形成原因、演变过程，并提出改善发展中国家城乡二元结构格局、缩小城乡差距的政策主张。从国外学者研究城乡关系的理论视角来看，涉及社会学、管理学、经济学、法学、规划学、人口学等多个学科。从研究成果看，先后提出城乡二元结构理论、不平衡增长理论、城乡偏向理论、增长极理论等理论范式和规范分析、实证分析等研究方法。

近年来，国外学术界对城乡关系的研究针对二元结构论中的"城市中心"假定的反思与批判，利普顿和科布纳基认为发展中国家和落后区域陷入贫穷的根本原因是"城市偏向"。斯多尔和泰勒提出城乡平衡发展模式，主张以农村为中心采取自下而上的发展。麦基通过创新性的概念，即所谓 DESAKOTA（城乡一体化），提出了城乡一体化的发展模式，实现"城市中心"和"农村自下而上"两种理念融合，对城乡关系理论研究进行突破。

从理论演变的过程来看，学者们就实现城乡统筹协调发展的重点与动力方面的认识，大致可以归纳为以下几种范式：城市——工业驱动范式、农村——农业驱动范式、工农业平衡驱动范式等。按照传统发展经济学和区域经济学的发展思路，欠发达区域近年有快速发展的趋势，但出现城乡严重对立、区域差距加大、产业结构失衡等问题。学界在反思的同时，也运用一些新的理论工具，如制度经济学、新兴古典经济学、演化经济学等分析范式，对城乡关系理论进行了新的探索和发展。

2.国内研究现状

国内学者城乡统筹融合发展包括宏观资源配置与微观经济活动两个层面的内涵，主要利用国外相关理论工具，分析中国城乡关系演进过程，集中于以下几个方面：

（1）城乡协调度的评价

国内学者如战金艳、鲁奇、邓祥征等通过选取关键指标，建立指标体系的办法来对特定区域内的城乡协调度进行测算，为辨析城乡协调发展关键制约因子，制定有利于城乡协调发展的路径。

（2）城乡协调发展的必要性和对策研究

国内学者如吴敬琏、刘吉瑞、韩俊、周叔莲、温铁军、胡鞍钢、刘国光等通过实证研究，对国内现代工业与传统农业、城市与农村之间的系统性内在矛盾、外在冲突及其缘起进行了分析，并提出了一系列促进中国城乡协调发展的对策建议，对相关政府部门的决策产生了重要影响。

（3）城乡协调发展的模式和途径

在20世纪80年代的农业工业化模式的基础上，不同的学者先后提出了城乡一体化模式（王振亮，2000；周加来，2001）、城乡良性互动模式（蔡防、都阳、王美艳，2001）等。从制度环境的改变方面看，随着《城乡规划法》自2008年1月1日正式施行，彻底废止了原有城乡规划法律制度"一法一条例"的"二元结构"，这标志着中国将彻底改变城乡二元结构的规划制度，进入城乡一体化的规划管理时代。21世纪以来，针对农业农村政策中长期存在的重工轻农、重城轻乡的问题，中央提出了"把'三农'工作作为全部工作重中之重"的指导思想，确立了多予少取放活和工业反哺农业、城市支持农村的方针，把统筹城乡发展作为经济社会发展的重要方略。

3.研究趋势

目前国外研究倾向于城乡统筹发展中主体分析和统筹发展非经济因素的分析，以及各主体的博弈分析。国内学术界自20世纪80年代以来对城乡关系及"三农"问题、城市化战略与模式等问题进行了持续研究。更加注重制度，特别是法律和政策对城乡关系的影响，在分析城乡关系演进上更加深入和客观。同时，在分析工具上，更多利用实证分析方法和拓展城乡关系演进的分析工具。

此外，为顺应国内经济建设与区域开发进程，总体上对"二元"结构问题，相应地从国家层面的理论研究转向东部、西部和东北地区的应用研究，并将城市和乡村研究纳入区域整体背景中，加强了研究的系统性，扩大了研究视野。多学科的交叉研究（从经济学为主转向社会学、地理学、人口学、规划学等学科的广泛参与），大大拓展了城乡关系研究的内容，也加深了城乡协调发展问题研究的深度。

(四)国外城乡统筹发展的经验借鉴

统筹城乡发展，走城乡一体化道路，是世界主要发达国家从传统农业国家发展成为工业现代化国家的必由之路。虽然不同国家由于历史文化背景、政治体制不同，经济发展水平各异，在社会转型中表现出不同的特点，但消除城乡二元结构、实现一体化发展是发达国家和发展中国家面临的共同难题。为分析借鉴国外处理工农、城乡关系方面的经验，我们选择了先行工业化的美国、赶超工业化的日本、新型工业化的韩国、正在进行工业化的巴西。

1.美国

美国的工业化和城市化开展较早，也较好地解决了城乡二元分割和城乡对立问题。美国主要从以下方面处理城乡矛盾问题：

（1）以农村和农业基础设施为重点，大幅增加农村和农业投入

在20世纪30年代至60年代，美国政府投向农业资金累计近90亿美元，惠及全国70%以上的农民。在农田水利这一农业最重要的基础设施上，大型排灌设施设备完全由政府投资，而中小型灌溉设施设备采取农场主投资和政府补贴相结合的方式。在农产品价格和农民收入问题上，美国政府加大农业支持保护力度，并上升到法律层面，出台《农业调整法》《联邦农业完善与改革法》等法律法规，对价格和收入支持政策给予了明确规定，强调采取保护价收购政策和目标价格政策。

（2）在农村主要采取商业医疗保险制度

美国在农村实行的是商业医疗保险。对于那些没有支付能力的老人和穷人，政府负责为他们购买。对于农产品社会保障在财政收入中的占比，联邦政府和州政府都在年度财政预算中予以明确。此外，政府农业行政管理部门还负责对低收入农户、妇女、儿童等提供食品救助和营养补贴。

（3）加强对农民的教育培训

美国政府高度重视职业教育和技能培训，制定了专门法律法规，如《人力开发与培训法》《就业培训合作法》等，规定全社会要支持对农民的培训。对一些流动农业工人的子女教育问题，美国采取了教育凭证的方法，该方法按照生均教育经费发给学生家长，学生家长可以使用教育凭证在不同学校就读。

（4）实行迁徙自由的政策

美国没有户籍制度，不设置人口流动障碍，法律严格禁止种族歧视。美国政府对劳动力转移就业实行迁徙自由的政策，迁移登记以个人纳税地址为依据。这种政策有力地促进了农村劳动力转移到城镇和工业部门。

（5）实行私有农地制度

美国的土地是私有的，土地所有者拥有出售、出租、抵押、继承等完整的土地权益。美国土地所有者拥有清晰的土地产权边界，以及长期而有保障的土地使用权，政府保障农民的土地权益不受侵害。

2.日本

日本在历史上也是城乡分割和差距很大的国家，20世纪30年代城市与农村居民收入的差距达到3倍以上，这种情况一致延续到20世纪50年代末期。日本自60年代初实施了一系列缩小城乡差距的政策，收到了非常好的效果，城乡差距几乎不复存在。

（1）持续增加农村投入

1961年日本政府出台了《农业基本法》，该法对农业农村发展具有里程碑

式的意义，规定了通过价格支持政策和投入补贴政策，加强对农业的支持保护，促进农民增加收入。近20年来，政府用于农业的支出都处于快速增长的趋势，年均增幅达13.4%。目前政府对农业投入占财政总支的1/10，而从农业中得到的税收只占税收总额的1%。这些支出主要用于田间道路、水利设施、土壤改良等农业基础设施建设。日本还实行城乡统一的教育制度，普及高中教育，每年接近一半的农村学生进入大学深造，绝大部分在毕业后进入到工业和服务业领域。

（2）城乡统一的社会保障制度

日本通过制定一系列法律法规，以法律的形式构建起农民的保障网。政府制定《生活保护法》《国民年金法》《健康保险法》等法律，使农民享受社会保险、国家救助、社会福利、医疗保障等与城市居民几乎同样的社会保障。目前日本农民的医疗保险和养老保险已比较完善和成熟，保障标准和水平也比较高，接近了城市居民的水平，这就打消了进城从事非农就业农民的后顾之忧。

（3）保障农村劳动力权益，提高人力资本水平

日本政府出台了《紧急失业对策法》《最低工资法》《煤矿离职者临时措施法》等一系列法律制度，来保障农村劳动力从事非农就业的各种权益，规定雇主支付其工资必须高于政府规定的最低工资，实行终身雇佣制，并对工伤垫款支付其医疗费用。日本政府还非常重视对农村劳动力的教育和培训，建立了覆盖全国的职业教育和技能培训机构，对有技能需求和外出从事非农就业的农民开展培训。同时，政府还出台政策支持企业、社团、机构对农村劳动者开展岗前技能培训，为农村劳动力提供类型多样的学习机会，让他们快速适应工作的要求。通过这些法律、政策和措施的实施，大幅度提高了农民的人力资本水平，农民拥有与城市劳动者几乎相当的素质，这为以后的非农化和提高收入打下了坚实的基础。

（4）实行自由迁徙的人口政策

日本的《宪法》及有关法律规定民众拥有迁徙的自由，无论是就业，还是教育、居住、医疗、养老，都由迁徙目的地来提供这些公共服务。这种人口管理制度，对城乡实行统一的政策，真正实现了城乡公共服务一体化，有利于劳动力合理配置。

（5）保障农民的土地权益

日本实行土地私人占有的制度，在20世纪50年代初颁布实施的《土地征用法》《农地法》就从法律层面，明确规定土地私人占有，国家保护农民的财产权利，并出于保护农民利益的考虑，严格限制土地流转。此后，日本政府相继出台了一些政策，放松了对土地流转的一些限制，如70年代初修订的《农地

法》，取消了对土地流转面积的限制；70年代中期实施的《农振法》，允许通过协商的形式，签订10年以内的土地流转协议。这些法律和政策的实施，在客观上促进了土地的流转和流动，有利于规模经营。此外，这些政策还让一些农民离开了土地，到城市从事非农产业，在一定程度上促进了农村劳动力转移就业。

3.韩国

韩国是新型工业化国家，对发展中国家具有典型示范意义。然而，在韩国工业化起步阶段，城乡、工农的差距也很大，是一个典型的二元经济社会。针对城乡矛盾的种种问题，韩国政府在20世纪70年代开展了轰轰烈烈的"新村运动"，以政府为主导、以农村工业化为基本特征，取得了很好的效果。韩国的政策主要包括以下几个方面：

（1）健全国民收入分配格局，加大对农村的支持

韩国构建了国家投入为主体、社会投入为补充的多元化、多模式、多类型的农业投资体制。规定中央、道、市郡三级财政的投资要占到全部农业预算经费的一半以上，其中中央投入最大，约占全部农业预算经费的1/3以上。农业投资的重点放在农业农村基础设施、农业科技研发和推广应用、农产品流通体系、新品种开发等。在1992—2002年，韩国政府用于农业和农村的投入就达到82兆韩元，其中中央政府投入62兆韩元，这些投入为夯实农业发展基础、调整农业产业结构、提高农业科技贡献率都起到了积极的促进作用。

（2）大力发展农村基础教育

韩国在21世纪初提出在全国范围内实施初中义务教育。与中国的做法不同，韩国优先保障农村地区、偏远地区和贫困地区实施初中义务教育，对于大城市和条件较好的地区主要交给社会来办。韩国政府还非常重视对农民的技能培训工作，设置了从中央到市郡的农民培训机构，对农民的经营意识、基本技能、综合素质等进行培训，提高国民的人力资本水平。

（3）实行农村强制性医疗保障制度

为提高农民家庭的医疗保障水平，韩国在农村实行强制性医疗保险。在保费支出中，农民家庭支付一半，另一半由政府交纳。这种强制性的医疗保险制度覆盖全国九成的人口，另外处于贫困线以下10%的农民家庭由国家对他们实施医疗救济。从医疗保障的角度看，韩国已经做到了城乡统一。目前韩国已经实现了城乡统一的医疗保险制度，且保障范围和保障水平都比较高，这大大减轻了人们的后顾之忧。

（4）实行人口迁徙自由

韩国没有城市户籍和农村户籍的区分，人们可以自由迁徙，不受任何规定

的制约。法律规定，人们在迁徙地就可以享受各类公共服务。随着二十世纪六七十年代以来韩国经济的逐步起飞，大量的农村人口转移到了城市成为产业工人，并使他们的子女受到了较好的教育。到了80年代，这批产业工人的子女大部分成了中产阶级。因此，目前韩国人口和社会结构比较合理和稳定，中产阶级的比重很高，呈现中间大、两头小的"橄榄球"特征。

4.巴西

巴西在工业化进程中，经济发展与社会发展没有很好地协调，导致了城乡、区域差距较大，社会不公加剧。据测算，巴西在1960年、1970年和1980年的基尼系数分别是0.53、0.60、0.57，都远高于0.4的国际警戒线。2010年，巴西最富有的10%的群体的收入占全部国民收入的46.7%，而最贫穷的10%的群体的收入占全部国民收入的比重不足1%。巴西的主要城市还形成了规模庞大的贫民窟，居住、饮食、卫生、交通条件极其恶劣，贫民窟的居民游离在社会管理之外，对社会治安造成了很大隐患。总结巴西处理城乡关系的教训，有以下几个方面：

（1）工业化与城市化发展不同步，缺乏产业支撑的城市化造成了就业转移滞后于人口转移

巴西的工业化在进入中期以后，选择的是外资主导的"负债工业化"路径，这种工业化道路的主要特征是通过负债，大力发展资金密集型和技术密集型产业，走快速发展的工业化道路。然而，由于工业重化程度加深，必然导致劳动力需求减少。同时，巴西又走了过度城市化的道路，从20世纪50年代到80年代，城市化率由36%猛升到近70%。这就导致了城市化的速度快于工业化的速度，引起了大量农村转移到城市的劳动力没有就业，表现为从农村失业到城市失业，因而产生了贫民窟等诸多问题，巴西的失业率自20世纪90年代以来一直保持在两位数的高位。

（2）土地改革滞后，社会矛盾激化

巴西土地集中的趋势非常明显，而土地改革不到位，造成了大量的无地少地农民，引起了社会不公和矛盾激化。以2003年数据为例，巴西2000公顷以上的农户比例不到全部农户总数的1%，却占有了全国30%以上的土地。而10公顷以下的农户比例占全部农户的30%以上，所占土地规模不足全部土地的2%。底层民众呼吁土地改革，而政府行动却十分滞后，多次爆发严重的冲突，造成了社会治理危机。

（3）城乡规划不合理

在发展过程中忽视低收入群体在基础设施和公共服务方面的诉求。巴西大

量的人群居住在大都市，而他们的收入很低，80%的贫民窟居民收入在最低工资水平之下，他们既无法在城市购买住房，又退不回农村，就结伴非法占有城市发展用地和周边荒地，形成了条件简易、安全隐患大、基础条件几乎空白的贫民窟。而政府在规划和建设过程中，并没有把这一群体在基础设施和公共服务方面的诉求考虑在内，因此贫民窟问题出现固化和路径依赖，形成了经济社会发展的顽疾。

5.共同经验

以上简要回顾和总结了一些国家处理城乡关系的经验和教训，通过分析这些因素可以发现，处理城乡关系较好的共同经验就是在快速工业化和城市化的过程中照顾到了农民的利益、兼顾了农业的发展、促进了农村的稳定。具体来看，有以下几个方面的共同经验：

（1）必须发挥政府的主导作用

由于乡村和农业的弱势性，在统筹城乡发展的过程中，必须发挥政府的主导作用。在市场经济环境下，仅仅依靠市场去处理城乡关系，由于市场的趋利特性，将不可避免地出现以城统乡的现象，即资源、要素会源源不断地流入城市，造成城乡发展进一步分化。因此，国内外一些处理城乡关系较好的国家，从它们的发展实践看，无不在其中发挥政府的主导作用，主动改革城乡二元结构，实现城乡一体化发展。政府主导统筹城乡发展的做法主要包括：一是制定规划，将城市与乡村纳入一个整体，统一规划、统筹协调，切实把城市发展与乡村发展衔接好；二是出台法律、法规、政策和措施，从制度层面引导资源自由双向流动，鼓励工业反哺农业、城市支持农村；三是加大对农村和农业的投入力度，重点在基础设施建设、公共服务能力建设和加强社会管理上，逐步缩小乃至统一城市和乡村的基础设施、公共服务等方面的差距，将城市文明向农村延伸，让农民共享发展成果。

（2）切实加强农业现代化对工业化和城镇化的支撑作用

在统筹城乡发展的过程中，必须进一步加强农业的基础地位，稳定和繁荣农村，增加农民收入水平，切实加强农业现代化对工业化和城镇化的支撑作用。从世界一些较好地处理工农城乡关系的国家看，他们都十分重视农业和农村经济的发展，都采取多种措施保护和发展本国的农业、富裕本国的农民、繁荣本国的农村。而那些没有很好地处理工农城乡关系的国家，如巴西、智利、印度、孟加拉等国，最终农业发展显然停滞或倒退，并进一步迟滞了工业化和城镇化的发展，使得工业化、城镇化和农业现代化的发展都难以为继。

综合这些国家采取的有效方式主要包括：一是通过加大补贴、保护价收购等方式，加大对农业的支持保护；二是大力发展农业基础设施，如道路、水利等，夯实农业发展基础；三是直接对农民进行补贴，提高他们的收入水平；四是加强农业科技研发与推广应用，特别是新品种新技术新工艺的研发和应用。

（3）必须依托产业发展规模，保持城市化与工业化的协调推进，城市化推进过快或过慢，都会带来严重的问题。如果城市化推进过快，会带来过度城市化问题，没有产业和就业的支撑，会形成严重的城市失业群体和贫民窟，并带来交通拥挤、环境恶化、治安混乱等社会管理难题；如果城市化推进过慢，则会导致工业化过程中劳动力资源不足，农业经营规模过小、社会有效需求不足，造成工业化的有效支撑不够，使得工业化发展进程也会受到阻碍。此外，是城市化过程中，还要注重大城市、中小城市和小城镇。

（4）运用法律法规保障统筹城乡发展进程

在推进工业化和城镇化过程中，在市场作用机制下不可避免发生工农发展失衡、城乡发展失调的问题，在国家调控工农城乡关系的工具运用上，要高度重视运用立法工具，通过制定法律法规来保障统筹城乡发展的推进。如果没有法律法规的规范性约束，仅靠规划或政策，由于缺乏规范性约束能力，不一定能在实践中很好地施行。从国际一些国家的经验看，美国、法国、日本、韩国等先行工业化的国家，都在土地、农村劳动力、农业投入、农村金融等方面出台了法律，用于保障农业发展和农民权益。这对我国统筹城乡发展有很强的借鉴意义，在关于农村金融、农村劳动力转移就业、财政支农等方面涉及利益关系复杂，改革难度和阻力都很大，可以先通过立法，确立改革方向和原则底线，从而更加有利于促进农业发展和农民增收，保障农民的各项权益。

（5）推进农村劳动力向城镇和工业部门有序转移

从各国的经验看，随着工业化的深入推进，农村劳动力流入城市就业，进而推进城市化和经济社会全面快速发展，是世界各国处理城乡关系的根本性趋势。从世界各国在工业化和城镇化相互关系的一般规律可以看出，当一国工业增加值占国内生产总值的比达到40%时，农村劳动力转移的总量占全部农村劳动力总量的一半左右。因此，各国都特别注重对农村剩余劳动力的转移。

比如日本为提高农村劳动力的就业能力，不仅加强农村基础教育，还特别重视职业教育和技能培训。我国在推进农村劳动力转移过程中，要积极借鉴国外的一些成功经验和做法，进一步探索特别是在农业转移劳动力的农村相关权益保护、农村转移劳动力在城市的公共服务、农村劳动力就业培训和制度、进城农民工融入城市等问题实现路径，使工业化、城镇化和农业现代化协调发展。

(五)国内城乡统筹发展的经验借鉴

1.珠江三角洲"以城带乡"模式

随着经济的迅速发展,珠江三角洲已发展成为村中有城,城中有村,具有现代化文明的城乡一体化新格局。通过十几年的实践,珠江三角洲地区总结探索出实现城乡一体化的 10 条标准,即农业生产现代化、农村经济工业化、市场经营商品化、行政管理法律化、基础设施配套化、交通通信网络化、群众生活小康化、文明卫生标准化、服务体系社会化、环境净化美化。这将标志着珠江三角洲地区可以达到中等发达国家的现代化标准,为实现城乡一体化奠定基础(王亚飞,2007)。

2.上海"城乡统筹规划"模式

上海市从 1986 年开始就把城乡一体化作为全市经济和社会发展的战略思想。把以城乡为整体,统筹城乡建设规划,合理调整城乡产业结构作为上海城乡一体化的整体思路,优化城乡生产要素的合理配置,促进资源的开发和综合利用,提高城乡的劳动生产率,缩小城乡差距,统筹城乡各项事业的健康发展,提高社会经济效益,保证上海城乡经济持续、快速、健康发展(冯雷等,1999)。

3.北京"工农协作、城乡结合"模式

工农协作是指城乡工业开展多层次、多渠道的横向经济联合,通过合资、合股等形式建立和发展工农联营企业,逐步形成城乡经济协作网络。城乡结合属于纵向经济联合,如零部件专业化协作、定点支农、工艺性协作、产品下放等(沈红, 2005)。通过各种方式实现在设备、技术、管理、培训方面的互帮互助,这种工农协作、城乡结合的方式使城市工业呈现出城乡协作、优势互补的局面,促进了城乡一体化的发展。

4.苏南"以乡镇企业发展带动"模式

改革开放以来,长江三角洲一直都是全国经济发展最快、最活跃的地区之一。该地区乡镇企业的崛起带动了农村经济的发展,打破了传统的城乡二元结构,引起了农村经济社会结构的深刻变化。苏南地区采取以工补农等措施,来协调工农关系,稳定农业生产(郭建军, 2007)。此外还通过建立优质高效的

农业生产基地等措施，推动了农业机械化、水利化的发展，促进了农村产业结构的优化，保证了三大产业的协调发展，加快了城市化进程（冯雷，1999）。

三、甘肃省城乡经济的演进历史

甘肃与陕、宁、新、青、川和内蒙古接壤，光热、土地、生物、旅游、矿产和劳动力资源丰富。经过几十年的建设，形成了有特色的工业体系，具有一定的科技实力，是我国重要的老工业基地和科研基地。兰州是"一五"国家重点建设城市、西北地区重要的交通通信枢纽，也是国家级西北商贸中心。这种特殊区位，加上较好的工业、商贸、科技基础和资源条件，决定了甘肃将发挥重要的依托作用和联结西北省区、促进东西部地区交流的桥梁和纽带作用。

有史以来，甘肃一直是西北地区经济文化交流的中心，是连接内地与边疆少数民族地区的交通要道，也是内地经济向少数民族地区辐射的主要过渡带。加快甘肃的开发建设，将示范、带动西北少数民族地区经济发展，促进民族团结和边疆稳定。此外，甘肃地处黄河、长江上中游水土流失和西北沙尘暴的重灾区，其生态环境的好坏，不仅影响甘肃经济社会的发展，也直接影响黄河、长江中下游地区的环境安全。改善甘肃的生态环境，既有利于甘肃和西北地区经济、社会与环境的协调发展，也为黄河、长江下游树起一道生态屏障。甘肃自然环境较差，贫困人口较多，发展难度大，从根本上改变其相对较落后的面貌，对于缩小东西部地区差距、实现全国第三步战略目标将具有重大现实意义。

(一)甘肃省城乡经济现状概述

2013年度甘肃省实现区域经济总量6268.0亿元，作为乡村经济最重要组成部分的传统产业，实现区域增加值879.4亿元，所占总量的份额仅仅为14.02%。作为城镇经济核心组成部分的现代经济部门完成增加值2821.0亿元，所占份额为总量的45%，如果将区域内现代第三产业所实现增加值2567.6亿元计算在内，现代经济总量将会达到5388.6亿元，城镇经济实现总量份额达到85.98%。

此外，就城乡增长率而言，前者为5.6%，后者11.5%，相比较分析可以发现，城镇经济增速为乡村的2.05倍，绝对量达到5.9%。

在考虑城乡经济对居民收入贡献的基本情况下，在2013年度，甘肃省内城镇居民人均可支配收入18964.78元，农村居民人均纯收入5107.76元，城镇居民为乡村居民的3.71倍，城乡收入差异较大。从增长率的视角分析，2013年度，城镇居民增速为10.54%，农村13.34%，虽然绝对量上城镇居民收入远高于农村居民，但基于增长率的不同，二者动态表现出差异程度在缩小。

在2013年度城镇居民人均消费性支出为14020.72元，农村居民4849.61元，同期，后者为前者的34.58%，绝对量差异9171.11元，可以看出城镇的市场消费量远高于乡村地区。从动态维度分析，前者增长速度为9.14%，后者增长速度为16.97%，乡村地区增速为城镇地区的1.85倍，由于后发优势的存在，二者的差异程度在逐渐缩小。

在工业化和城市化的发展进程中，甘肃城乡居民的收入都取得了较大提高，从表中可以看出城镇居民人均可支配收入由1990年的1196.72元到2013年的18964.78元，增长了14.85倍。农村居民人均纯收入，由1990年的430.98元到2013年的5107.76元，增长了0.85倍，显然城镇居民人均收入增长速度快于于农村居民，城乡居民人均收入差距由1990年的765.74元增长为2013年的13857.02元，农村居民人均纯收入落后城镇居民人均可支配收入十多年。

表1　1990—2002甘肃省城乡居民收入情况

年份	城镇居民人均可支配收入(元)	农村居民人均纯收入(元)	城乡居民收入差(元)	城乡居民收入比
1990	1196.72	430.98	765.74	2.78
1991	1368.8	430.98	937.82	3.18
1992	1707.78	489.47	1218.31	3.49
1993	2002.56	550.83	1451.73	3.64
1994	2658.13	723.73	1934.4	3.67
1995	3152.52	880.34	2272.18	3.58
1996	3353.94	1100.59	2253.35	3.05
1997	3592.43	1185.07	2407.36	3.03
1998	4009.61	1393.05	2616.56	2.88
1999	4475.23	1357.28	3117.95	3.30
2000	4916.25	1428.68	3487.57	3.44
2001	5382.91	1508.61	3874.3	3.57
2002	6151.42	1590.3	4561.12	3.87

表2　2003—2013甘肃省城乡居民收入情况

年份	城镇居民人均可支配收入(元)	农村居民人均纯收入(元)	城乡居民收入差(元)	城乡居民收入比
2003	6657.24	1673.05	4984.19	3.98
2004	7376.74	1852.22	5524.52	3.98
2005	8086.82	1979.88	6106.94	4.08
2006	8920.59	2134.05	6786.54	4.18
2007	10012.34	2328.92	7683.42	4.30
2008	10969.41	2723.79	8245.62	4.03
2009	11929.78	2980.1	8949.68	4.00
2010	13188.55	3424.65	9763.9	3.85
2011	14988.68	3909.37	11079.31	3.83
2012	17156.89	4506.66	12650.23	3.81
2013	18964.78	5107.76	13857.02	3.71

　　如下图，甘肃城镇居民人均可支配收入与农村居民人均收入的趋势图可以看出，随着时间的变化虽然城乡居民人均收入都呈增长趋势，但增长程度不同，两条趋势曲线之间的敞口呈不断扩大状态，这表示城乡居民人均收入绝对差距在不断扩大。

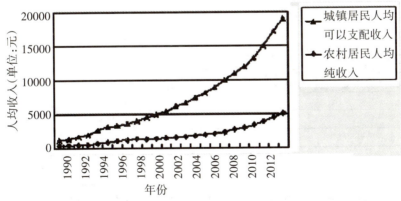

图1　甘肃省城镇居民人均可支配收入与农村居民人均收入趋势图

　　从城乡居民人均收入比来看，1990年到2013年甘肃城乡居民人均收入比经历了两次持续增加和两次持续减小的变化过程，第一次持续上升是在1990—1994年，这一期间城乡居民人均收入比一直维持在4.0以下。1995年开始出现第一次持续下降，这一下降趋势一直维持到 1998 年，并在 1998 年首次达到 1990 以来的最低点 2.88。之后从 1999 年到 2007 年，城乡人均收入比经历了较长时间的持续增加，并在 2005 年超过 4.0，到 2007 年形成最大比值 4.30。然而，这一差距恶化趋势在 2008 年得以扭转，从 2008 年到 2013 年城乡居民差距持续减小，在 2013 年城乡居民人均收入比已经下降为 3.71。

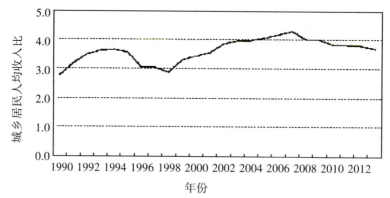

图2　甘肃省城乡居民人均收入比

在 2013 年全国 31 个省市的城乡居民人均收入比进行对比，甘肃城乡居民收入比为 3.71，大于全国平均水平 3.03，位居全国倒数第三，仅小于云南的 3.78 和贵州的 3.80。由此可见，虽然甘肃城乡居民人均收入比有所下降，但是在全国范围内，其城乡居民收入差距仍然较其他地区突出。

从恩格尔系数分析，其代表了一个国家或地区的居民生活生平水平发展阶段，根据联合国标准恩格尔系数 60% 以上为贫穷，50%～60% 为温饱，40%～50% 为小康，40% 以下为富裕。

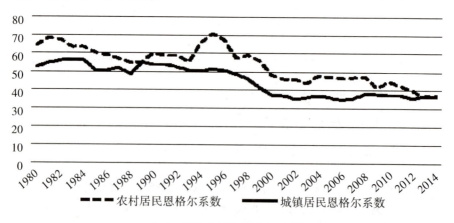

- - - 农村居民恩格尔系数　——— 城镇居民恩格尔系数

图3　甘肃省城乡恩格尔系数图

从图中可以看出，改革开放以来，甘肃省城乡恩格尔系数总体上都在逐步降低。城市、农村恩格尔系数分别在 1997 和 2000 年都已经降低到 50% 以下，按照联合国的标准在 2000 年甘肃省已经总体上实现了小康社会。但是，目前的小康社会是不均等的、不全面的，因此，甘肃省还应为实现全面小康社会的目标而继续奋斗。

(二)甘肃省城乡一体化水平测度

在甘肃省城乡一体化测度中，选择三个指标进行分析，以对二元经济情况进行准确分析，为路径设计做定量分析。

1.区域内纵向比较

（1）根据传统的指标界定，选取城乡居民收入差异进行纵向分析。从居民人均可支配收入角度分析，为考虑数据分析的线性关系，设定价格等市场因素为常数。甘肃省城镇居民 2011、2012、2013 三个年度收入依次为 14988.68 元、17156.89 元、18964.78 元，增幅分别是 13.6%、14.7%、10.54%，三年度平均增幅为 12.94%，高于 2013 年国内该指标（2013 年全国城镇居民人均可支配收入为 26955 元，比 2012 年增长 9.7%）。

同期，农村居民人均纯收入 2011、2012、2013 三年度依次为 3909.4 元、4506.7 元、5107.76 元，增幅分别是 14.2%、15.3%、13.34%，三年度平均增幅为 14.28%，增幅高于 2013 年度全国农村居民人均收入指标 12.7%。

进行城乡对比分析，2011 年度，农村居民人均收入是城镇居民指标的 26.08%，2012 年度指标为 26.26%，2013 年度为 26.93%。2013 年度国内整体的指标为 32.67%，可以得出结论：在近三年，该指标显示城乡差异在逐步缩小，但城乡二元差异程度远高于全国水平，城乡收敛幅度还不够。

（2）从消费状况来看，城镇居民消费 2011、2012、2013 三年度分别为 11188.57 元、12847.05 元、14020.72 元，增长率对应为 13.07%、14.82%、9.14%，平均增长率为 12.34%。农村居民消费 2011、2012、2013 三年度分别为 3664.9 元、4146.2 元、4849.61 元，增长率为 24.6%、13.1%、16.97%，平均增长率为 18.22%。绝对量角度，2011 年城镇居民与农村居民收入比为 3.0，2012 年为 3.0，2013 年为 2.9，说明城乡居民的收入差异在逐步缩小。此外，农村居民的平均增长幅度要高于城镇居民，高出 5.88%。分析得知，缩小城乡差异的动力在积极发挥作用，城乡二元关系在逐步缓解。

（3）恩格尔系数分析，对于甘肃省内城镇居民而言，2011、2012、2013 三年度，城镇居民家庭食品消费支出占消费总支出的比重分别是 37.38%、

35.82%、36.82%，对应于上年度降低率分别为0.03%、1.56%、−1%。同期，省内农村居民恩格尔系数2011、2012、2013三年度对应是42.2%、39.8%、37.09%，同比上年降低率依次为2.5%、2.4%、2.67%。

市场消费角度，甘肃省城乡居民的消费水平在逐步趋同，省内城镇居民该指标尽管表现出波动现象，但二者的偏差从2011年的4.82逐步缩小至2012年的3.98及2013年的0.27，此角度显示出甘肃省城乡差异化在逐步改善。

2.区域间横向分析

根据目前学术界对于区域的大体划分，此处选取2013年度的数据进行比较分析，即西北五省作为区域整体和中、东、西部各选代表性的省份进行城乡一体化水平的简单测度。

（1）西北五省区域系统

根据2013年度统计公报显示，陕西省城镇居民人均可支配收入为22858元，增长10.2%，农村居民人均纯收入为6503元，增长12.8%，城乡居民收入比为3.51，增长差异率为2.6%。

青海省城镇居民人均可支配收入为19498.54元，比上年增长11.0%，农牧民人均纯收入为6196.39元，比上年增长15.5%，城乡居民收入比为3.14，增长差异率为4.5%。

宁夏回族自治区城镇居民人均可支配收入为21833元，增长10.1%，农村居民人均纯收入为6931元，增长12.2%，城乡居民收入比为3.15，增长差异率为2.1%。

新疆维吾尔自治区城镇居民人均可支配收入为19874元，比上年增长10.9%，农村居民人均纯收入为7296元，比上年增长14.1%，城乡居民收入比为2.72，增长差异率为3.2%。

甘肃城镇居民人均可支配收入为18964.78元，比上年增长10.54%，农村居民人均纯收入为5107.76元，增长13.34%，城乡居民收入比为3.71，增长差异率为2.8%。

区域内部比较分析，在2013年度甘肃省城乡居民收入在西北五省处于低水平位置。仅城乡居民收入比而言，为五省差异最大的省份，收入比差异达到3.71。西北五省区域系统中，增长差异率这一城乡差异收敛性指标高于宁夏和陕西，处于中间水平。

（2）中、东、西部比较分析

根据甘肃省在西北五省内部所处的水平，选择东部地区为河北省、中部地区为安徽省进行2013年数据比较分析。

河北省城镇居民人均可支配收入为22580元，农村居民人均纯收入为9102元，比较上年度增长率分别为9.9%及12.6%，城乡居民收入差异比为2.48，增长率差异为2.7%。

安徽省城镇居民人均可支配收入为23114元，农村居民人均纯收入为8098元，比较上年度增长率分别为9.9%和13.1%，城乡居民收入差异值为2.54，增长率差异值为3.2%。

甘肃省城镇居民人均可支配收入为18964.78元，农村居民人均纯收入为5107.76元，比较上年度增长率分别为10.54%和13.34%，城乡居民收入差异值为3.71，增长率差异值为2.8%。

在三个有代表性的省份中，作为地处西部欠发达区域的甘肃省，城乡居民的收入绝对量低于河北和安徽两区域，但增收幅度高于二者，可能基于区域经济的后发优势和政策优势所得。对于城乡居民收入比而言，甘肃为河北省的1.5倍、安徽省的1.46倍，城乡二元结构最为突出，但缩小城乡差异的增长率差异值指标高于河北省为2.8%。

(三)甘肃省城乡差异形成的理论分析

1.经济二元经济结构的存在

随着一国或地区农业剩余劳动力向非农产业的逐步转移，农业劳动的边际生产力也就逐渐与非农产业的劳动边际生产力趋于相等。在传统的农业部门中，产出份额较小，但却是由较大的劳动力份额所创造出来，而在以工业为代表的现代部门中，有着较大的产出份额，但却是由较小的劳动力份额加以创造出来的。

二元经济结构体现了农业和非农产业两部门经济的差异程度，而这种差异指标则是两部门的产值比重和劳动力相对比重。二元经济结构存在的本质就是农业与非农产业的劳动生产率出现差异，劳动生产率的差异可以归因于人力资本和技术进步的差异。由于第一产业的人力资本积累和技术进步较慢，导致其劳动生产率低，从而收入也就低。显而易见，如果用第二、第三产业的劳动力生产率与第一产业相比较，劳动生产率提高幅度比第一产业提高的幅度大，那么城乡居民收入差距扩大的可能性就会大。

农业部门由于存在着大量的过剩劳动力且专业化程度低，其劳动生产率在三个部门中是最低的；在工业部门中，制造业凭借较高的人力资本含量和专业化程度，劳动生产率是最高的，其中，重工业的劳动生产率又高于轻工业；处于两者之间的是服务业的劳动生产率。随着经济的发展，劳动生产率差距在三个部门间逐步扩大。

对劳动者而言，工人在相对劳动生产率高的部门创造的产值大，其收益就高，这样形成的部门间收益差促使着劳动者追求较高的收益，进而推动着劳动力从低收益部门流向高收益部门，促进了产业间的就业结构、产业结构的变动。产业结构演进是一个长期的动态的过程，在这一过程中不断发生劳动生产率较高的部门和较低劳动生产率的部门之间的相互替代。这意味着在经济增长的过程中，不同产业之间的非均衡增长是常态。与此相关，不同产业部门间的劳动者收入水平和收入差距也处于经常的变动状态之中。

城乡二元经济结构体现了城乡产业部门不同的劳动生产率，城乡产业劳动生产率的变化将引起劳动需求的变动和工资率的调整。在产业结构变迁中，各产业部门劳动生产率的变化对城乡产业劳动报酬分配差异具有双重效应。一方面，在产业结构演进中，高劳动生产率的第二、第三产业迅速发展，在其扩张速度很快时，人力资本及人力资本引起的技术进步快于第一产业，从而使得绝大多数从事于第二、第三产业的城镇居民收入增长更快；另一方面，高劳动生产率的第二、第三产业迅速扩大，而低劳动生产率的第一产业在国民经济中比重不断下降，资本和劳动从第一产业转移到第二、第三产业时，由于第一产业比重的下降，城乡产业间的劳动报酬差距可能会缩小。此外，第一产业由于冗余剩余劳动力的流出、人力资本提升、农业技术进步等因素，而导致第一产业劳动生产率提高速度快于第二、第三产业时，城乡产业的劳动生产率差距缩小了，与之相应，城乡产业人们之间的劳动报酬差距也就有所缩小。但是在这个过程中，城乡收入差距既可能因为第一产业劳动生产率增长率快于第二、第三产业劳动生产率增长率而缩小，也可能因为第一产业劳动生产率增长率慢于第二、第三产业劳动生产率增长率而扩大。城乡收入差距的扩大或缩小，取决于城乡部门劳动生产率增长快慢的权衡。

所以，要缩小城乡收入差距，就要使农业部门劳动生产率的增长速度大于非农产业部门劳动生产率的增长速度。对农村劳动力进行人力资本投资是关键。因为如果农村居民人力资本提升速度缓慢，那么随着产业结构的变迁，农村居民在向非农产业流动和转移时，往往就业于传统劳动密集型行业中对劳动力素质要求较低的行业，城镇居民和农村部分素质较高的农民工就业于因产业结构变迁所产生的资本、技术密集型的新兴产业领域，产生结构性失业的现象较其余绝大多数农村劳动力而言要显得轻微一些。大部分农村劳动力由于资金状况、学习和应用知识能力、受教育程度的限制，要使其人力资本存量结构发生质的改变难度较大。因此，整体上农村部门人力资本积累率较城镇居民而言提升缓慢，随着产业结构的变迁，城乡收入差距可能会逐步扩大，要缩小城乡收入差距，必须对农村劳动力进行人力资本投资。

2.区域二元经济结构的存在

区域发展不均衡，会加剧城乡二元经济结构，扩大城乡收入差距，而区域发展均衡，会促进城乡二元经济结构转化，缩小城乡收入差距。当发达城市地区的产业集聚规模效益处在一个递增的阶段，那么集聚效应占主导地位。

在这个阶段，由于城乡收入差距的影响，不断吸引着农村地区的劳动力、资本等要素向城市二、三产业聚集与极化，形成技术、知识、信息传递、人力资本积累等方面的优势，促使城市生产率不断提高。农村劳动力转移过程中，城乡居民收入的增加均受到发达城市地区集聚空间外部性的作用，但受距离和技术等因素的影响，城市居民收入增加的速度高于农村居民，城乡收入差距不断扩大，这样，又会吸引农村劳动力等要素进一步向发达城市地区集聚，如此往复，发达城市地区的产业集聚规模收益不断增大。在这个累积循环的过程中，区域经济发展差距拉大的同时，城乡收入差距也逐步拉大。

当发达城市地区的产业集聚的规模效益处于递减阶段，扩散效应占据主导地位。在这个阶段，集聚已经达到一定的规模，集聚经济效应减弱，集聚不经济和阻滞效应增强，由于人口稠密、交通拥挤、污染严重、资本过剩、自然资源相对不足等原因，该地区的生产成本将逐渐上升，外部经济效益逐渐变小，经济增长势头逐渐减弱。在这种情况下，发达地区如果要扩大生产规模，就会变得相对不经济，因而资本、技术、劳动力等要素将会通过横向的"扩散效应"和纵向的"捐滴效应"自动地、逐步地向其他地区扩散。劳动力、产业、知识、技术等要素开始向周边低成本的农村地区扩散和外溢，辐射带动农村地区发展，城市居民收入增加的速度开始小于农村居民，城乡收入差距趋于缩小。

总之，当城市与农村之间的回波效应大于扩散效应，从而会使城乡收入差距越来越大，如果积极采取措施，缩小城乡之间的"回波效应"，扩大其"扩散效应"，就能够防止城乡两极分化，缩小城乡收入差距。发达地区对不发达地区的影响和地区收入不均等的变化取决于这两种效应谁占优势。当回波效应大于扩散效应时，地区之间的不均等便呈现为一种累积性的扩大趋势；当回波效应小于扩散效应时，地区之间的不均等便表现出一种累积性的缩小趋势。如果地区收入差距不断扩大，政府就应当采取积极主动的措施，在落后地区建立发展极，加快落后地区的经济发展，协调区域经济的不平衡与不协调，缩小地区经济发展差距和城乡收入差距。

3.农业经济结构的影响

农业结构调整是农业现代化和农村经济社会发展的必然结果，所以，用现代科学技术和现代工业来为农业提供生产的技术手段和物质手段，用现代经济管理方法提供农业生产的组织管理手段，把封闭、自给自足的、停滞的农业转变为开放的、市场化的、不断增长的农业（张培刚、张建华，2001）是推动农业结构调整的关键。缩小城乡收入差距的重点和难点都在"乡"，即要尽量缩短农村与城市居民的收入差距。农业结构调整涉及一个国家或地区农业产业的优化和升级，主要体现在农业产业构成比例的变化上，是通过农户对家庭经济活动的调整而实现并推动的，农业结构调整成效的最直接的体现就是农户家庭收入的变化。

农业结构调整不仅涉及与农户家庭生产决策相关的农业内部的结构变化和产业重组，而且与农业生产效率提升后对家庭生产资源的重新配置密切联系，这种结构改变和生产资源的重新配置直接影响到农户家庭从不同渠道得到收入的数量及其收入构成比例的变化。在工资性收入和家庭经营性收入在农民总收入中占主导地位的情况下，随着农业现代化的推进，农业产业结构不断调整，能够有效拉长农业的产业链条，增加农业的附加值，提高农业的整体效益，增加农民家庭经营性收入的同时，还能通过农村剩余劳动力的向外转移增加农民工资性收入。

一方面，在农业产业结构中，种植业对农民收入的影响最大。种植业较其他产业而言，比较劳动生产率较低，从而农民就业于种植业所获得的经营性收入就低。而诸如畜牧业、渔业等非种植业的比较劳动生产率远远高于种植业，如果农业结构不合理使得种植业比重高于非种植业比重，那么，就会导致大量的农业劳动力滞留在种植业，从而不利于增加农民收入。随着农业现代化的发展，农业产业结构实现从传统种植业向种、养、加工等的农业生产结构转变，能够克服种植业在生产领域、消费领域分别遇到自然波动引起的自然风险和恩格尔定量揭示的需求风险。将部分劳动力配置于非种植业领域，通过在农业内部产业间流转导致就业基本方式的改变，必定有助于通过再配置效应而提高农业劳动生产率。在农业现代化发展中，农业产业结构调整和社会分化程度不断提升，劳动者越来越集中于某些操作和环节，农业经营越来越脱离传统种植业而渗透到其他领域，促进了农业劳动力的流动性和再配置。

另一方面，随着农业结构的调整，农户对土地的依赖度逐步降低，农业劳动生产率的提高将不断析出更多的农业剩余劳动力，从而促进其向非农产业转移就业，实现工资性收入的增加。并且，农业产业结构调整有利于扩大土地的规模经营，增加生产投入，有利于将分散的农户组织起来降低交易成本，能够最大限度地提高农业劳动生产率、不断增加单位土地产出率并提供更多质量的产品剩余，优化农业市场结构、提升农业产业化组织水平、增加农产品的附加值，在合适的制度保障前提下，促进农民家庭经营性收入的增加。

此外，在农村内部，农业向非农业的转变，即农村工业和服务业的发展是农业结构调整的重要拉力，特别是诸如以乡镇企业为发展核心的农村工业化发展为农村富余劳动力提供了一个参与到工业部门生产的机会，使他们能够分享到由工业生产率的快速提高所带来的劳动收入的提高，也能在转移过程中，提高单位土地面积的劳动生产率，增加农民经营性收入。合理的农村产业结构是促进农村经济发展、确保农业社会经济持续发展、增加农民收入、缩小城乡收入差距的源泉。

4.工业结构的影响

张培刚指出，工业化是国民经济中一系列基本的生产函数（或生产要素组合方式）连续发生由低级到高级的突破性变化（或变革）的过程。在工业化发展进程中，规模报酬递增的产业或部门，无论是产值比重还是劳动力就业比重，都将在国民经济中达到优势地位，规模报酬递减的产业或部门的地位则逐渐下降。在产业结构变迁中，工业发展所带来的投资扩展效应和就业引致效应的增强，将拉动农业剩余劳动力不断流向非农产业。尤其是劳动密集型制造业的发展，凭借产业本身具有的专业化水平、迂回生产程度、中间产品种类数较多，能吸纳更多的农业剩余劳动力，使得剩余劳动力通过从事非农产业获得较高的工资性收入。

在工业化进程中，一方面，工业结构的变迁会带来新兴行业的发展和经济增长速度的加快，从而创造新的就业岗位，产生就业创造效应，这有利于吸纳农村剩余劳动力，缩小城乡收入差距。但另一方面，工业结构调整伴随的各产业的剧烈变动，往往会带来相当规模的就业破坏，随着产业结构的不断升级，资本有机构成的逐渐提高，单位资本所匹配的劳动数量逐步减少，导致产业发展对就业的容纳力降低。在工业结构调整过程中，随着部分产业走向衰退，大量的劳动力将面临失业，由此，其带来的就业创造效应就会被就业破坏效应所抵消。一般来说，工业结构变动的幅度越强烈，其所带来的就业破坏效应越为显著，从而不利于吸纳农业剩余劳动力，反而可能加剧城乡收入差距的扩大。

产业结构变迁的过程是一个不同生产要素对经济增长贡献度变化的过程。城乡不同产业发展过程中不同生产要素的重要性会不断变化，进而导致对不同生产要素需求量和结构的变化，即产业结构的变迁改变了不同生产要素的投入比重，导致劳动要素的需求变化，由于行业劳动供给的变动具有滞后性，所以在行业劳动供给不变的情况下，影响行业劳动报酬。譬如，当新兴产业属于劳动密集型产业，衰退产业属于非劳动密集型产业，产业结构变动就会扩大对社会劳动力的需求，在劳动力供给不变的情况下，劳动者的报酬就会上升；反之则反。从理论上而言，人们的收入来源于生产要素报酬，即资本的报酬、劳动的报酬和其他资源如土地的报酬。如果在一个劳动力丰富的国家采取资本高度密集的工业发展方式，则资本获得的报酬就高，相应地，收入和财富就向少数资本要素拥有者集中，收入差距就大。相反，如果采取劳动密集型的产业发展方式，通过在城乡创造更多的普通就业岗位，扩大劳动者报酬在初次分配中的份额，收入分配就比较均等，收入差距就比较小。

随着第一产业比重不断下降，第二产业比重上升，以机器化或现代化生产为基础的生产方式逐步扩散、渗透、演进，现代工业使用的资本、技术和设备连续不断地生产，规模不断扩大，技术进步速度大大快于人口增长速度。而农业，虽然生产工具会受到工业化的影响而得到改进，但由于必须与自然生产相交织，土地生产力有限，农业生产力进步比较缓慢。所以，在工业化的过程中，城市和农村的差距会有拉大的趋势。对于第二产业而言，其产业内部经历了一个从轻纺工业为主导、原料工业和燃料动力工业等基础工业为重心的重化工业为主导、低度加工型的工业为主导、高度加工组装型工业为主导的发展过程，其要素投入比重也在不断变化。

当产业处于技术密集型阶段，由于技术因素，会导致资本与劳动投入比重再次发生变化，并通过影响劳动力需求，影响劳动报酬比重。如果技术变化使得收入分配中资本所占的比例升高，那么这种技术进步就是资本偏向的劳动节约型的技术进步；如果技术变化使得收入分配中劳动所占的比例升高，那么这种技术进步就是劳动偏向的资本节约型技术进步；如果技术变化使得收入分配中资本所占的比例和劳动所占的比例都不发生变化，那么这种技术进步就是中性的。第二产业占主导时期，生产过程的进行越来越多地依赖机器设备，资本替代劳动现象更为明显，城乡收入差距趋于扩大，但又因不同阶段而呈现出不同的特点。

5.服务业结构优化

在服务业为主导的阶段，工业的发展速度有所放慢，比重有所下降，特别是传统产业的下降幅度较快，但内部的新兴产业和高新技术产业仍有较快发展。服务业在三次产业中具有最强、最稳定的就业吸纳能力，而就业是劳动报酬的基础，因此促进服务业发展有利于稳步增加劳动报酬及其比重。

在发达经济体中，利润、利息和税金一般只占总收入的30%，其余的主要是人力资本收入，人力资本在国民收入分配中占主导地位。服务业的增长和劳动报酬的快速增加是改善收入分配的一个重要途径。服务业中，占绝大多数比重的服务业与人能力的形成和发展有关。其中，教育行业的发展能够使更多的人接受更高水平的教育，缩小不同出身的劳动者在知识、技能方面上的差别；卫生、体育、文化等行业的发展可以普遍提高国民的身心健康水平，缩小公民在身体素质、文化修养等方面的差别，尤其重要的是，能够使青少年不因家庭贫富而产生智力和体能方面的显著差别，从而减弱收入差距的代际传递。

服务业对缩小城乡收入差距的作用主要体现在服务业对农业剩余劳动力的吸纳作用上。具体而言，服务业能够减小制造业的交易成本，提高制造业部门的劳动力生产率，扩大制造业的利润空间，促进制造业对投资的吸引和生产规模的扩大，从而增加制造业对农业剩余劳动力的吸收。服务业发展可以极大地提高农业劳动生产率，为农村劳动力向城市转移、向非农产业转移制造条件。

服务业结构是沿着传统型服务业—现代型服务业—信息产业—知识产业的方向演进。与工农业相比，服务业内部行业繁多且各行业的属性差异显著，既有劳动密集型行业，又有知识密集型和资本密集型行业。从收入分配的角度看，各个服务行业之间不仅在就业吸纳能力上存在一定的差异，而且在平均工资水平上也有显著差别，并非全部服务业行业的发展都有助于提高劳动报酬比重、缩小城乡居民收入差距。

不同类型的服务业，由于平均劳动报酬及劳动报酬比重却不相同，所以对城乡收入差距的影响就具有了双重效应。对于传统服务业而言，其直接的就业效应较大，进入门槛较低，知识含量低、无须特殊劳动技能，为文化水平较低的乡城流动人口提供了广阔的就业渠道，有利于吸纳农村剩余劳动力，缩小城乡收入差距。现代服务业知识密集、依托高技术的物质性载体或依托高技术人力资源和网络技术，具有服务集约化、电子化、远端化特征，城镇居民凭借较高的劳动力素质多就业于现代服务业，因此，平均劳动报酬较高，劳动报酬比重较大，从而不利于城乡收入差距的缩小。但是，其中仍有相当部分产业类型对社会主义新农村建设和实现以城带乡，以工促农有重要的基础媒介和桥梁作用。信息、物流、科技等现代服务业，可以有效促进农业生产的规模化和产业化，扩大农村发展空间，为更多的劳动力转移创造机会。服务业尤其是现代服务业的发展对国民经济的带动作用，必定有力地促进其他产业产值和就业增长，能够较好地吸纳农业剩余劳动力，缩小城乡收入差距。伴随着农业劳动力不断转移，以增加技术投入引起的节约资本型的技术进步或以培训和教育的方式提高劳动力素质所引起的依附性技术进步，会使劳动要素的边际生产力提高，从而有助于缩小城乡收入差距。

虽然服务业对劳动的排斥作用没有工业那么明显，相反，服务业资本的不断拉升，会开辟出新的服务供给，拉动新的服务需求产生，进而有利于服务业就业容量不断扩大。基于此，随着服务业占主导及其相应的内部结构变迁，加大对居民服务业、教育事业等劳动密集型服务产业的发展力度，尤其是在信息经济时代，通过大力发展现代消费服务业，能够有效地安置农业释放出的剩余劳动力，有利于缩小城乡收入差距。

6.城镇化与城乡统筹的关系

一方面，城市化有缩小城乡收入差距的作用。首先，城乡产业结构的不同导致了城乡居民收入差距，城市中凭着非农产业部门更高的要素生产效率，规模报酬和劳动力边际产出普遍高于农业，使得人们在城市中的现代产业部门的劳动报酬要高于农村，出于对更高收入的追求，农村中的劳动者就会自发地涌入城市，原有从事农业劳动力的生产效率会有所提高，如果这种乡城迁移是一种不改变户籍的非永久性迁移，那么在统计上这些在城镇获得的收入仍然被看作农村居民收入的一部分，农村劳动力会把获得的部分收入通过汇款回流到农村，在资本相对稀缺的农村领域形成了储蓄–投资效应，从而弥补了国家财政对农业的投入不足，有针对性地改善了农业投资，提高了农业的综合生产能力，夯实农民增收的基础，缩小了城乡居民收入差距；进一步地，流入城镇就业的农民收入的回流，可以增加农村消费并可能改善农民的人力资本，这对经济持续增长将起到促进作用，从而间接地提高了农民收入，缩小了城乡收入差距。因此，乡—城劳动力流动能够有效弱化城乡二元经济结构强度，缩小城乡收入差距。

另一方面，城镇化有扩大城乡收入差距的效应。一是随着农村剩余劳动力转移到城市，城市规模、聚集效应更为明显，根据新经济地理学理论，随着城市集聚规模的扩大，城市中劳动力的工资水平会上扬，进而促进城市进一步集聚。城市集聚规模的扩大会提高城市居民的人均收入水平，进而扩大城乡收入差距。二是随着大量农村剩余劳动力的转移，城市基础设施的承载压力不断增大，为缓解因农村人口流向城市引起的城市基础设施供需矛盾，更多投资将投向城市基础设施建设，投向农村的资金相应减少，影响农村居民收入增长，导致城乡收入差距扩大。并且，在非本来意义的城镇化之外，对于转移到城市的农民工而言，由于各种因素的限制，农民找不到更多的就业机会，他们只能在非正规部门临时就业，工作强度大，收入低，心理就会失去平衡，城市的生活成本和背井离乡的情感成本昂贵，这种由于利益引发的各种矛盾就会不断加深甚至随时爆发，给农村的稳定带来威胁，这在一定程度上拉动了城乡收入差距。

7.制度变迁与城乡统筹的关系

从制度变迁对于产业结构的影响来看，如果因为制度障碍，比如城市偏向的政策、财政支持结构、劳动力市场发展，使得经济资源不能够自由流动、自由配置，产业结构与就业结构就会出现偏差，农业剩余劳动力不能有效地被城镇吸纳就业，进而影响城乡收入差距。

首先，政府在产业结构变迁中具有很大的倾斜性，倾斜性产业政策有利于加速产业结构转化，但是却容易脱离人力资本基础，使结构转化产生巨大摩擦。这样的摩擦容易导致就业结构与产业结构出现偏差，导致城市化发展滞后，不利于增加就业机会，农村劳动力不能有效地被第二、第三产业所吸纳，从而不利于缩小城乡收入差距。从财政支出来看，如果在以GDP增长率为考核地方政府业绩的目标下，地方财政支出中必然带有城镇倾向，城市倾向越大，城镇地区从地方政府支出中所得的益处就更多，政府的政策导向和示范性投资是我国城乡差距扩大的重要原因之一。

例如，在支出结构方面，如果能加大对由大量农村转移劳动力完成的基本建设的财政支出，则越有利于缩小城乡收入差距。如果支持农业生产和事业的支出下降，那么就不利于农业现代化的发展，或者不利于农业内部传统种植业向林、牧、渔业生产结构上的转变，那么农业农村经济发展就会滞后，城乡收入差距就会扩大。另外，对于文教科学卫生事业发展，由于其主要集中在城镇地区，如果增加对其的财政支出，则会通过"重"城镇居民人力资本含量提升而"轻"农村居民人力资本含量提升，这样不利于农村劳动力随产业结构变迁而顺利就业于新兴产业，结果只可能扩大城乡收入差距。

在产业结构变迁过程中，劳动力作为重要结构变迁的重要因素之一，产业之间的流动性越强，各种经济资源的配置摩擦也就越小，各种经济资源的生产力才能迅速提高。因此，劳动力市场发育越完善，越能在产业结构变迁中实现各种资源的最优配置。然而，诸如城乡户籍制度等一系列法规或政策造成劳动力市场分割，国有和集体所有制单位与非公有制经济单位在社会保障法规的运行管理中存在明显差别，使得农村剩余劳动力在劳动力市场中面临着不平等的就业机会、环境和待遇，在就业上形成了城市居民和乡村居民的不平等；相对价格和工农业交换关系的扭曲，住房、医疗、教育、养老等排斥农民的城市偏向性政策，会促进形成非竞争性群体，在产业结构变迁中，会阻止农业剩余劳动力从农业部门向非农业部门的自由流动，抑制配置能力和生产能力的发挥，加剧城乡收入差距的扩大。

其次，市场是社会资源配置的重要手段，市场给出信号直接引导人们的投资与消费行为，市场条件下经济主体的理性选择必然导致大量农村资源流向城镇，进而影响产业结构的变迁。市场化改革通过提高资源的配置效率，打破行政垄断和市场垄断，提高经济效益，有助于创造比较公平的市场机会，可能有助于缩小城乡收入差距。但另一方面，市场化导向将使得资本等生产要素加速向城市、发达地区流动，这势必导致农村地区资源枯竭，经济发展乏力，进一步扩大地区和城乡间的收入差距。而且，市场经济内在要素的流动性，其流动的顺畅与否直接决定着资源的配置效率，进而决定着经济发展的绩效。如果对要素进行制度性或政策性的歧视、阻碍其自由流动，农村的劳动力不能顺利向城市流动，或者城市的资本、技术等要素不能顺利输入农村，那么要素在流动中就难以实现价值的最大化，要素配置效率低下，城乡收入分配也会持续恶化。

另外，从理论上来讲，对于农村要素而言，如果均质、适度，那么要素流出就能够促进城乡两部门规模产出的提高，增加农业部门的人均收入。如果农业部门的要素是异质的，那么要素的流出会出现"穷农富工"的现象，农业的边际产出率和规模产出水平会降低，会加剧城乡收入差距。在城乡产业发展中，各种要素的非公平占有和形成使生产要素占有的差异不断加剧，导致收入差距的扩大。比如城乡教育的不公会导致城乡劳动力人力资本上出现差异，进而影响城乡产业发展所需劳动力的质量，城乡教育发展上越不公平，分配的资源相差越悬殊，城乡收入差距就会越大。

道格拉斯·诺斯（Douglass North）强调清晰的产权能够降低交易成本和扩展市场，保证个人和财产不受政府或强制性实体滥用权力影响经济，促进生产和消费充分发展。科斯（Ronald Coase）指出，清晰的产权及其可交易性对市场机制有着决定性的作用。独立的产权主体的存在是实现经济资源自由流动，实现帕累托效率最优化的前提条件。因此，赋予微观经济主体独立的产权地位，使其摆脱一切超经济强制的独立人格，这样经济主体才会对其经济行为的后果产生合理的得益预期而更加努力。Bankim Chadha 和 Fabrizio Coricelli（1997）指出，在向市场经济体制转轨的过程中，所有制结构的变迁和非国有经济的充分发展作为制度变迁的重要组成部分，不仅本身资产所有权的变化及与之相关的资产收益权的变化会影响收入分配格局，而且它也会带来就业结构的变动，引起失业率的上升，直接引致收入差距扩大。

随着一国市场化程度加深，非国有单位就业份额也会相应上升，就业的重构既会加剧城市劳动力市场的竞争，促使劳动力市场工资下降，抑制城乡收入差距的扩大；也会提高城市劳动力市场的资源配置效率，提高劳动力市场竞争和组织效率，这又有利于提高城市劳动力市场的工资水平，产生扩大城乡收入差距的作用。

(四)甘肃城乡统筹发展的现实制约因素分析

1.制度和政策因素

政府制度和政策因素是造成城乡收入差距的根本性原因。改革开放之前的计划经济时代，我国的经济和政治控制体制十分严格，在经济发展过程中，受经济发展战略的工业化偏好影响，认为农业是增长力已耗尽的落后部门，工业作为新型产业可以促进经济快速增长。

因此国家在推进工业化过程中，长期对农业和农村采取歧视政策，包括对农产品进行定价和实行偏向工业的财政金融政策。改革以后虽然政治上放松了控制，但利益集团形成并对政府政策施加影响。由于城镇居民在政治上拥有巨大影响力，而农村居民由于居住分散导致集体行动中沟通成本过高，且小农经济容易造成免费搭车现象，使农村居民的政治影响力微弱，所以政府政策继续保持城市偏向倾向。城市偏向政策不仅导致经济体制扭曲，还造成社会收入大规模由农村向城市转移，削弱了农村的自身发展能力。

虽然城市偏向政策会加大城乡发展差距，但只要生产要素（包括劳动力）是充分流动的，这种差距的扩大就更多的只是表现在城乡的 GDP 上，并不会反映在城乡居民的实际收入上，因为劳动力的流动最终会使城乡居民收入趋于一致。而且从长期来看，一方面，返乡的农村劳动力会将城市先进的技术、管理等农村稀缺资源带回去，能够有力促进农村的发展。另一方面，城市集聚效应的充分发挥会使产业向农村转移，这必然会带来农村居民劳动生产率及收入的增加，因而如果生产要素可以在城乡之间自由流动，从长期来看，城市偏向政策并不会扩大城乡居民间的收入差距。世界银行研究也发现，充分的要素流动是美国、智利和巴基斯坦等国家地区间收入收缩的主要原因。

而我国长期以户籍制度为核心的城乡分割的管理体制限制了要素的自由流动，使城乡收入差距固定化。这就是为什么虽然甘肃政府采取了一系列强农惠农政策：从 2005 年到 2007 年，逐年进行了免除农业税、免除农村义务教育阶段学生学杂费和覆盖全部农村人口的新农合医疗制度，并建立农村最低生活保障制度（均比全国提前一年），却不能有效降低城乡收入差距的根源。

2.经济发展因素

甘肃地处我国西部地区，受地理位置的限制甘肃经济发展落后，而经济发展落后又导致甘肃无论是在经济结构调整还是市场化改革方面都严重迟缓，这也是甘肃城乡收入差距居于全国倒数的重要原因。

经济发展落后对城乡收入差距的影响通过以下三个方面反映出来：首先，我国的市场化改革是渐进式进行的，这必然导致各地区的市场化程度不同。

甘肃经济发展落后，在市场化进程中，总体滞后于其他地区，从而导致甘肃城乡市场一体化发展相对滞后。在甘肃农村，农牧业是其主导产业，甘肃地处西北，地貌复杂，全省大部分地区都是山地和高原，其中西北部还有约占全省面积14%的戈壁与沙漠，平原面积不到全省总面积的2%，因此甘肃农业尚未进入大规模的机械化时代，而且农村交通建设难度大，造成农村交通不便利，导致农村发展落后。城乡一体化的滞后导致甘肃农村经济发展水平长期低于城镇经济，经济总量直接影响居民收入，造成甘肃城乡居民收入差距加大。

其次，经济发展相对落后又导致甘肃城乡市场一体化发展动力不足，如产业结构转换滞后。与农业相比，非农产业有更大的经济增加值，但是甘肃农村的非农产业不发达，农村工业化水平一直低于全国水平，农村居民就业不充分，这也是农村居民收入低于城镇居民收入的原因。

最后，经济发展不足导致甘肃在基础设施方面，特别是农村交通基础设施方面相对落后的局面不能从根本上得以扭转，因此限制了甘肃城乡之间的要素流动和商品流动，进一步造成了甘肃城乡市场分割，导致城乡居民收入差距长期居于全国倒数。

3.人力资本积累的差异

知识经济时代，人力资本对于经济发展的贡献越来越明显。人力资本的积累有助于劳动者生产技能的提高、获取信息能力的提升及适应现代化才能的增强，进而人力资本积累的增加有助于提高人力资源的配置效率及扩展劳动者的就业选择机会，使其向报酬更好的职业和岗位转移。人力资本的市场配置与流动能力增强，使人力资本得到有效的使用。个人收益的增加增强了对人力资本的激励，同时会增加人力资本存量。大量文献表明，个人每多受一年的在校教育，一般可使今后的工资增长10%（Charlesl Jones，1998）。

甘肃经济的二元结构特征在全国水平之上，因此城乡居民的人力资本积累差距更大。农村居民文化素质较低，难以适应工业发展和现代化的需要，导致其生产效率低下，并制约其物质资本的积累，从而形成农村居民人力资本低与物质资本稀缺的局面。

4.横向对比发现甘肃省经济总量较弱，制约城乡互动

据表3数据显示，西北五省内部，甘肃省经济总量指标领先于青海省与宁夏回族自治区，位于陕西与新疆之间水平，但考虑到人均GDP指标，为最低位水平，仅为陕西省人均指标的56.91%，为第四位青海省的66.28%，经济欠发达，经济总量弱，不利于城乡互动发展。

5.城乡收入差异太大，不利于城乡互动发展

据表3数据显示，具体衡量城乡收入比指标，具体计算得知西北五省内部城乡收入差异比陕西为3.51、青海为3.14、宁夏为3.15、新疆为2.72、甘肃为3.71，甘肃省城乡收入差异比最大，说明城乡经济互动在西北五省内部处于低水平。考虑城镇居民收入绝对量和农村居民收入绝对量，甘肃省均为区域内部最差水平，这与经济总量的偏弱有正相关关系。

表3　西北五省经济情况一览表

单位：元

区域	经济总量	人均GDP	城镇居民收入	农村居民收入
陕西	16045.21亿	42692	22858	6503
青海	2101.05亿	36656.66	19498.54	6196.39
宁夏	2565.06亿	39420	21833	6931
新疆	8510亿	37847	19874	7296
甘肃	6268.0亿	24297	18964.78	5107.76

注：根据2013年统计公报整理

6.城镇化率水平偏低，对城乡经济互动发展产生制约

选择西北五省和东部河北省、中部安徽省进行横向处理，如表4所示，甘肃省城镇化水平太低，在所选样本数据中处于最低水平。在西北五省内部，中、东、西三个地区比较或国家系统内部都处于低水平，城镇化水平的偏低在

很大程度上制约了农村经济结构的调整和农业TFP的提升。大量的劳动力从事传统农业，不仅不利于城乡经济互动发展，更影响到区域内工业化和城市化进程。

表4　所选区域2010—2012年城镇化率一览表

单位：%

区域	2010年	2011年	2012年
国家整体	49.68	51.27	52.57
河北	43	45.5	46.8
安徽	42.1	44.8	46.5
陕西	43.5	47.3	50.02
青海	41.9	56.22	47.44
宁夏	46.1	49.82	50.67
新疆	39.9	43.54	44.5
甘肃	32.7	37.15	38.75

注：根据2010、2011、2012城市蓝皮书整理

（五）甘肃省城乡统筹发展的现实正向因素分析

1.宏观政策的效应

目前，尽管甘肃作为欠发达区域，但国家宏观层面、省内各项指导意见和措施均利于甘肃城乡互动融合发展。《国务院关于中西部地区承接产业转移的指导意见》、国务院所批复《甘肃省循环经济总体规划》、国家《西部大开发第二个10年规划》的正式启动、《中国农村扶贫开发纲要（2011—2020年）》确定甘肃省58个县市区为国家连片扶贫规划区域、《关中–天水经济区发展规划》深入实施、国务院办公厅《关于进一步支持甘肃经济社会发展的若干意见》的积极实施、国家级兰州新区建设以及省内联村联户行动、强农惠农补贴和土地流转拉动均对城乡居民收入增长和城乡经济积极发展产生正向影响作用。

近年来城乡差异在逐步缩小，选取2011—2013年的经济指标进行分析，2011年区域内经济总量突破5000亿元，达到5020亿元，同比增长12.5%，2012年5650.2亿元，比2011年增长12.6%，2013年6268.0亿元，比2012年增长10.8%。从绝对量角度考虑，增长额度分别为630.2亿、617.8亿，经济总量稳步增长，有利于城乡互动发展总体经济环境的构建。从动态变化的情况来看，增速分别为12.5%、12.6%和10.8%，平均速度达到11.96%，远高于全国的平均水平。

2.人均收入水平显著提高

作为衡量城乡互动发展的居民收入指标，2011年城镇居民人均收入14988.68元，比2010年增长13.6%，2012年为17156.89元，比2011年增长14.47%，2013 18964.78元，比2012年增长10.54%。收入绝对量增长分别为2168.21元、1807.89元，增长速度均保持在10%以上。同期，农村居民人均纯收入分别为3909.4元、4506.7元和5107.76元，对应增长幅度分别为13.34%、14.2%和15.3%，平均增长速度达到14.28%，农村居民收入水平显著增加。

3.地方政府财政实力增强

2011、2012、2013三个年度，大口径财政收入分别为933.62亿元、1080.38亿元和1144.01亿元，相比较于上年度同口径增长幅度25.28%、17.34%和7.95%，可以看出，作为落后区域的甘肃省，在这三年来地方财政实力提升较快，作为区域内的宏观政府，有利于通过加大农村补贴、支援三农和其他惠农措施对城乡经济互动产生积极的影响。

四、甘肃省城乡经济发展实证分析

长期以来，在诸多客观因素的影响下，甘肃省经济呈现二元对立的局面，虽然近年来甘肃省充分发挥后发优势，借助国家政策的优势，逐渐在缩小城乡之间的差异，但二元特性仍然很突出。目前，就国家层面分析，西部地区城乡一体化水平远低于东部发达地区，甘肃省作为西部地区内部的欠发达区域，其城乡统筹发展在一定意义上关系到国家全面建成小康社会这一宏大目标的实现。

区域内部城乡二元结构的客观存在，成为制约甘肃省经济社会可持续发展和结构调整，甚至产业演进的最大制约因素。在丝绸之路经济带黄金段和兰州新区、华夏文明传承区建设背景下，在宏观去产能过剩，转变经济增长方式的大形势下，甘肃省必须继承传统区域经济优势，再次考量区域内城乡发展水平，构建城乡统筹发展的新机制、新动力，真正实现城乡一体化发展，形成区域内城乡互动、同步发展的新局面。

(一)甘肃省城镇经济发展的实证分析

1.现代部门与传统部门的差异

选取甘肃省2009—2015经济总量的演进数据进行分析，由表5分析可以看出甘肃省近年城镇经济发生比较明显的变化，以传统农业为主要构成的乡村经济增长比较稳定，平均为750亿左右，2012年之后增长量在50亿左右。而作为城镇经济重要构成的第二、第三产业增长迅速，特别是新兴第三产业。

表5　2009—2011年甘肃省产业总量变化表

年份	生产总值 (亿元)	第一产业 (亿元)	第二产业 (亿元)	第三产业 (亿元)	人均生产总值 (元)
2009	3387.56	497.05	1527.24	1363.27	13269
2010	4120.75	599.28	1984.97	1536.50	16113

年 份	生产总值 （亿元）	第一产业 （亿元）	第二产业 （亿元）	第三产业 （亿元）	人均生产总值 （元）
2011	5020.37	678.75	2377.83	1963.79	19595
2012	5650.20	780.50	2600.09	2269.61	21978
2013	6268.01	844.69	2804.97	2618.35	24296
2014	6835.27	900.8	2924.86	3009.61	26427
2015	6790	954.54	2494.77	3341.01	26165

注：根据甘肃省统计公报自行整理

2.城镇与乡村经济的贡献率差异

就产业贡献率角度来分析，作为乡村经济构成的第一产业经济贡献率最高为2012年的7.42%，且相对比较稳定，工业和建筑业的贡献率一直居首要地位，保持在50%左右，显示出城镇经济对甘肃区域经济的支撑作用。

表6 甘肃省三次产业贡献率

单位：%

年 份	生产总值绝对数	第一产业贡献率	第二产业贡献率	第三产业贡献率
2009	100	6.81	48.69	44.50
2010	100	6.01	59.32	34.67
2011	100	6.86	58.51	34.60
2012	100	7.42	55.87	36.1
2013	100	6.34	50.31	43.35
2014	100	7.32	50.66	42.02
2015	100			

3.城镇居民收入变化

近年来，甘肃城镇居民收入不断增长，2015年比2008年增长的绝对量达12797.59元，为2008年的2.17倍。

表7　2008—2015甘肃省城镇居民人均纯收入

单位：元

年　份	2008	2009	2010	2011	2012	2013	2014	2015
经济总量	10969.41	11929.78	13189	14988.68	17157	18964.78	20804	23767

注：根据甘肃省统计公报自行整理

同时，城镇居民收入增长率也保持良好的发展水平，2008年到2015年平均水平为10.78%，城镇经济表现出高位发展的迹象。

表8　2008—2015甘肃省城镇居民收入增长率

单位：%

年　份	2008	2009	2010	2011	2012	2013	2014	2015
经济总量	9.56	8.75	10.6	13.6	14.47	10.54	9.7	9

注：根据甘肃省统计公报自行整理

4.甘肃城镇居民消费现状

2015年甘肃城镇居民1122.75万人，占统计口径数量的43.19%，比2014年提高1.51%，同期，区域内城镇居民人均可支配收入为23767元，比2014年增长9.0%，城镇居民人均消费支出为17451元，上升9.5%，相对应农村居民人均消费支出为6830元，从绝对数的角度分析，差距为10621元，城镇居民的消费为农村居民消费的2.56倍，分析可知城镇居民消费对区域内经济的发展具有决定性意义，代表了甘肃省整个区域社会消费总水平。

5.甘肃城镇居民消费的结构分析

如表9所示，在2015年甘肃省城镇居民消费所占比例最大者依次为医疗保险支出、教育文化娱乐支出及交通通信支出，消费排名较后者为居住、生活用品及服务、其他商品和服务。在设计城镇经济发展动力机制的过程中必须充分考虑城镇居民的消费结构，大力发展现代服务业，才能统筹城乡经济一体化发展。

表9   2015年甘肃省城镇居民消费支出一览表

指标	绝对数(元)	比较上年增长率(%)
生活消费支出	17451	9.5
食品烟酒	5346	7.7
衣着	1759	6.3
居住	3540	0.1
生活用品及服务	1125	3.2
交通通信	1850	13.6
教育文化娱乐	2045	24.4
医疗保健	1391	32.7
其他商品和服务	395	5.4

(二)甘肃省农村经济发展的实证分析

1.甘肃省农业总体经济不断增长

甘肃省作为传统农业省份,对于乡村经济而言,农业的经济规模具有发展的决定意义。从纵向分析,根据表显示数据甘肃农业经济总量取得较大发展,2014年经济总量是2001年的4.35倍,是2010年1.5倍,总体趋势处于稳步增长的态势。

表10   2001—2014甘肃省农业经济总量

单位:亿元

年　份	2001	2002	2003	2004	2005	2006	2007
经济总量	207	214	240	281.4	300	333.23	386.42
年　份	2008	2009	2010	2011	2012	2013	2014
经济总量	462.27	497.5	599	678.2	780.4	879.4	900.8

注:根据甘肃省统计公报自行整理

2.增长速度相对均匀

近年来,甘肃农村经济总体呈稳定的增长,根据表11数据统计2001—2014年甘肃年均农业经济增长速度为5.86%,整体增长比较稳定,表中最高年份为2001年,比最低年份2007年高3.5%,振幅较窄,特别是2010年之后增长波动的幅度相对变小。

表11 2001—2014甘肃省农业经济总量增长率

单位:%

年　份	2001	2002	2003	2004	2005	2006	2007
经济总量	7.5	5.8	6	6.5	5.8	5.1	4
年　份	2008	2009	2010	2011	2012	2013	2014
经济总量	7.1	4.9	5.5	5.9	6.8	5.6	5.6

注:根据甘肃省统计公报自行整理

3.农业部门的贡献率呈下降趋势

伴随甘肃省工业强省战略和第三产业的快速发展,自2001年以来,甘肃省农村经济对整体经济总量的贡献率呈下降趋势,其中2010年之后更为明显,除去2005年特殊年份之外,2014年农业份额相比较于2001年下降6%。

表12 2001—2014甘肃省农业部门对GDP的贡献率

单位:亿元

年　份	2001	2002	2003	2004	2005	2006	2007
经济总量	19.2	18.4	18.4	18.05	7.1	14.65	14.3
年　份	2008	2009	2010	2011	2012	2013	2014
经济总量	14.6	14.71	14.5	13.51	13.8	14	13.2

注:根据甘肃省统计公报自行整理

4.农村居民收入现状

从表13显示的数据看,甘肃省农村居民收入稳步提升,2014年农村居民人均纯收入为2001年的3.8倍,是2010年的1.67倍,人均收入不断改善。但总体来看,农村居民的收入情况滞后于甘肃农业总体经济增长幅度,相比较2014年经济总量是2001年的4.35倍，农村居民增收低于此水平。

表13　2001—2014甘肃省农村居民人均纯收入

单位：元

年　份	2001	2002	2003	2004	2005	2006	2007
人均收入	1508.61	1590.3	1673	1852	1980	2134	2328.92
年　份	2008	2009	2010	2011	2012	2013	2014
经济总量	2723.8	2980.1	3424.7	3909.4	4506.7	5107.76	5736

注：根据甘肃省统计公报自行整理

5.农民增收增长幅度

根据表14显示，甘肃农村居民增收呈加速上升趋势，分阶段来看2001—2005年增长率平均幅度为6.76%，2006—2010年平均增长率为11.63%，2010年之后13.79%，2001—2014平均增长速度为10.72%，基于各项增收政策的不断推进，甘肃农村居民收入增长呈上升趋势。

表14　2001—2014甘肃省农村居民收入增长率

单位：%

年　份	2001	2002	2003	2004	2005	2006	2007
经济总量	5.59	5.41	5.2	10.7	6.91	7.8	9.13
年　份	2008	2009	2010	2011	2012	2013	2014
经济总量	16.9	9.41	14.9	14.2	15.3	13.34	12.3

注：根据甘肃省统计公报自行整理

6.甘肃省农村居民的消费现状分析

甘肃省农村居民的人均消费水平有了很大的提高，1978年甘肃农村人均生活消费支出88.18元，到了2013年增加到4849.60元，增长了54倍，年均增长12.4%，总体呈现较快增长。

表15　2001—2014甘肃省农村居民恩格尔系数

单位：%

年　份	2001	2002	2003	2004	2005	2006	2007
经济总量	46	46	44	48			
年　份	2008	2009	2010	2011	2012	2013	2014
经济总量		41.28	44.71	42.2		37.09	37.6

注：根据甘肃省统计公报自行整理

同时，从农村居民的消费质量来分析，农村居民恩格尔消费系数虽然有所波动，但整体趋势不断下降，呈现优化结构。

(三)甘肃省农村经济发展制约因素分析

1.种植业结构的差异

目前，甘肃省种植结构还相对欠合理。以甘肃省2014年统计公告显示，甘肃粮食比上年增产1.74%，夏粮增产幅度为11.39%，秋粮种植减产1.38%，从市场实际分析，经济作物相对进入不断的调整阶段。

2.自然条件及生态环境

甘肃生态环境十分脆弱，自然因素影响大、干旱范围广、水土资源不匹配、植被少而不均、承载力低、修复能力弱，特别是生态条件差的陇中黄土高原占全省70%以上的耕地。农村基础设施和生态环境的脆弱导致甘肃农业生产在很大程度上还依赖于自然气候条件，抗御干旱、洪涝、冰雹、大风等各种自然灾害的能力比较脆弱。

3.农业技术水平

甘肃省作为西部欠发达省份，整体农村经济科技成分比较落后，虽然在部分城郊地带或河谷地带存在现代设施农业，但整体表现为乡村落后的生产技术阻碍了乡村经济发展的特征。在2014年，甘肃全年农业机械总动力为2545.71万千瓦，比上年增长5.3%。农村用电量为51.26亿千瓦小时，增长1.8%。农用化肥施用量为97.60万吨，增长3.1%。

农业是乡村产业的支撑，发展现代农业是发展乡村经济的重要基础，在区域内部河东地区地处干旱区域，农业为传统粗放型的生产经营模式，不注重土地、肥力的保护，使乡村土地的规模经营效应得不到充分的发挥。

4.城乡收入的差异和城镇化的相对落后

目前，甘肃城镇居民人均可支配收入从1997年的5302元上升到2014年20804元；农村居民人均纯收入从1997年的1692元增长到2014年的5736元。城镇居民人均可支配收入增长了3.92倍，而农村居民人均纯收入3.39倍，城乡居民收入差距总体上呈现出扩大的趋势。1995年，城乡居民人均收入差距为3.13倍，2014年收入差距为3.63倍。

　　此外，甘肃省城镇化水平滞后，在2013年全国城镇化率达到53.73%，甘肃城镇化率是40.13%，落后于全国平均水平13.6个百分点，仅高于贵州和西藏。城镇化水平西高东低的特点明显，兰州与河西地区集中城镇化水平较高的4个市，嘉峪关市城镇化水平位居全省第一，兰州市集聚了全省28.47%的城镇人口。

五、甘肃省城乡经济的地域性差异

长期以来，甘肃省产业结构演化实践证明，区域产业结构调整与经济增长和社会进步存在正相关关系。政策条件、先天资源禀赋特点和社会经济条件等决定了区域的产业结构水平和状况。同时，区域内产业结构效益状况推动或阻碍着区域城乡统筹发展的方向。目前，甘肃省整体产业结构表现以工业化推动为主，如何根据产业效益进行产业结构调整与优化对甘肃省城乡统筹发展具有首要意义。同时，由于长期产业结构的演进，区域内产业结构呈现出地域性差异，如何基于现状推动产业结构高度化，对于统筹各区域进而实现全省产业进步具有支撑作用。

目前在甘肃省区域内，不同地区间的城乡经济还处于不同的发展阶段。其中，兰州市和嘉峪关市处在城乡一体化发展的优化发展阶段；金昌市、酒泉市、庆阳市、天水市和平凉市均处在扩散阶段；白银市、武威市和定西市处在城乡一体化的起步阶段；而张掖市、陇南市、临夏州和甘南州却正处在城乡一体化发展的准备阶段。而且还可以看出，甘肃省城乡一体化发展的水平和各个地区间的经济发展水平密切相关，可以说，各州区的二元经济结构的空间分布决定了城乡一体化的空间格局。

(一)地域视角甘肃省经济现状概述

1.甘肃省经济概况

作为西部重要的能源和原材料工业基地，甘肃省2013年实现GDP 6268.0亿元，增长10.8%，高于同期全国平均水平。从主体来看，传统产业879.4亿元，增长5.6%；工业和建筑业2821.0亿元，增长11.5%；以现代服务业为核心的第三产业2567.6亿元，增长11.5%，第二、第三产业加速增长，特别是现代服务业后发优势充分发挥，如金融业2013年实现234.2亿元，增长24.8%，文化产业增长105.8亿元，增长35.6%。

2014年甘肃省经济总量6835.27亿元，比2013年增长8.9%，基于后发优势的作用高于同期全国平均水平。传统第一产业 900.80 亿元，增长 5.6%；以工业为主体的第二产业 2924.86 亿元，增长 9.2%；以现代服务业为核心的第三产业增加值 3009.61 亿元，增长 9.5%，其中，金融业 355.81 亿元，增长 19.5%，文化产业 132.91 亿元，增长 25.65%。

比较来说，除传统农业受环境的影响较小，增长情况保持稳定以外，现代工业和服务业均增速有所回落，且幅度保持同步。金融业和文化产业发展非常快，平均增长速度分别达到 10.35% 和 30.625%。

2.各行政区域经济总量角度的区域性差异

区域内部表现出总量差异，在表 16 甘肃省 14 个区域中，处于前三位的兰州、酒泉、庆阳组成第一集团，其经济总量为 3025.05 亿元，占全省总量的份额为 48.26%；处于第二梯队的天水、武威、平凉、张掖总 GDP 为 1516.26 亿元，占全省总量的份额为 24.19%。定西、金昌、陇南、嘉峪关、白银总量为 1203.39 亿元，占全省总量的份额为 19.19%。甘南州和临夏市总量为 153.21 亿元，占全省总量的份额为 2.4%，为第一集团的 5.06%，地域上差异非常明显。

表16　甘肃省各区域产业总量与所占份额一览表

单位：亿元

区域单位	经济总量	第一产业	所占比例	第二产业	所占比例	第三产业	所占比例
甘肃省	6268	879.4	14%	2821	45%	2567.6	41%
兰州市	1776.28	49.12	2.76%	820.42	46.19%	906.74	51.05%
酒泉市	642.7	77.8	12.1%	340.9	53%	224	34.9%
庆阳市	606.07	80.29	13.2%	377.94	62.4%	147.84	24.4%
天水市	456.3	86.8	19%	174.5	38.2%	195	42.8%
武威市	381.18	89.2	23.4%	166.17	43.6%	125.82	33%
平凉市	341.92	77.1	22.5%	146.58	42.9%	118.23	34.6%
张掖市	336.86	93.11	27.6%	120.3	35.7%	123.5	36.7%
定西市	252.22	78.07	31%	64.58	25.6%	109.57	43.4%
金昌市	252.04	15.79	5.1%	183.15	78.4%	53.1	16.5%
陇南市	249.5	61.63	24.7%	73.97	29.6%	113.9	45.7%
嘉峪关市	226.3	3.86	1.72%	171.21	75.56%	51.22	22.62%
白银市	223.33	5.26	2.36%	138.62	62.07%	79.45	35.57%
甘南州	108.89	24.34	22.3%	28.55	26.2%	56.01	51.5%
临夏市	44.32	3.4	7.7%	9.3	21.1%	31.6	71.2%

注：根据2013年甘肃省统计公报整理

3.产业结构角度存在的差异

根据配第-克拉克定律分析，由于金昌、嘉峪关、白银为金川公司、酒钢、白银公司所在地，产业结构具有非典型性，排除在外。甘肃省整体经济结构均表现出"二三一"的产业状况，区域内部第一集团整体吻合全省水平，特别是庆阳表现得更为明显。天水、武威、平凉、张掖四地整体接近全省的产业结构状况，但表现出传统农业比较发达的经济现实，这与四个单元农业资源禀赋较好的条件一致。定西、陇南呈现出传统农业更强，工业实力递减的趋势，第三产业较强的特点。临夏和甘南第三产业远高于其他区域，主要考虑为旅游业的支撑，区域经济欠发达，工业化水平较低，产业结构层次低。

表17　甘肃省各区域产业总量与所占份额一览表

单位：亿元

区域单位	第一产业总量	第二产业总量	第三产业总量	三大产业比例
甘肃省	900.8	2924.86	3009.61	13.2∶42.8∶44
兰州市	53.6	829.2	1030.7	2.80∶43.34∶53.86
酒泉市	81.7	292.5	246	13.2∶47.2∶39.6
庆阳市	80.62	424.14	164.17	12.1∶63.4∶24.5
天水市	90.65	193.02	213.22	18.3∶38.8∶42.9
武威市	94.7	172.89	138.37	23.3∶42.6∶34.1
平凉市	85.08	134.3	131.15	24.3∶38.3∶37.4
张掖市	88.98	119.04	145.41	25.2∶33.7∶41.1
定西市	74.95	70.45	122.54	28.0∶26.3∶45.7
金昌市	17.41	170.28	57.96	7.1∶69.3∶23.6
陇南市	66.23	69.38	126.92	25.23∶26.43∶48.34
嘉峪关市	4	169.7	69.4	1.63∶69.80∶28.57
白银市	57.11	251.05	189.42	11.48∶50.45∶38.07
甘南州	25.89	28.3	60.72	22.5∶24.6∶52.9
临夏市	35.23	49.64	101.18	18.94∶26.68∶54.38

注：根据2014年年甘肃省统计公报整理

4.区域经济增长极呈极化效应

根据增长极的理论将甘肃省整体经济增长极细分为三个，中心省会兰州，河东地区选择天水和庆阳，河西选择酒泉和张掖作为区域经济中心。

表18　区域经济增长极情况一览表

单位：亿元

区域单位	经济总量	第一产业	第二产业	第三产业	文化产业
甘肃省	6835.27	900.8	2924.86	3009.61	355.81
兰州市	1913.5	53.6	829.2	1030.7	51.3
酒泉市	620.2	81.7	292.5	246	14.76
张掖市	353.436	88.98	119.04	145.41	7.03
庆阳市	668.937	80.62	424.14	164.17	11.03
天水市	496.89	90.65	193.02	213.22	12.26

注：根据2014年甘肃省统计公报整理

根据表显示，五个区域经济增长极经济总量为4052.963亿，第一产业、第二产业、第三产业依次为395.55亿、1857.9亿、1799.5亿，此四个数据占甘肃省总量的比例依次对应为59.29%、43.91%、63.52%、59.79%，除传统农业产业外，工业和现代服务业均表现出较强的极化效应，特别是第二产业五个增长极占了全省比重的63.52%，超出产业平均水平4.23%，极化效应表现得更为突出。

作为新兴产业的文化产业而言，兰州、酒泉、张掖、庆阳、天水增长极共计完成经济总量96.38亿，占全省的比重仅为27.08%，比较传统产业空间布局而言表现出不同之处，这于甘肃省整体所推行的文化产业大省建设和华夏文明传承区建设紧密联系，全省各子区域均积极发展文化产业，整体均衡推进。

（二）甘肃省经济结构的空间布局和差异性分析

此处分析借鉴经典理论配第–克拉克定理，从空间因素分析整体的经济结构空间布局情况，实证数据选自2014年甘肃省国民经济和社会发展统计公报。

1.区域内部经济总量呈现空间分散和区域差异现象

基于长期以来甘肃省所推行的工业强省战略，工业在区域空间布局和经济总量中贡献率比较显著，传统农业贡献较小，现代服务业对产业空间布局产生新的最重要的影响。全省整体上可以分为兰州都市圈、河东地区、河西地区三大传统经济区域。在2014年度，甘肃省经济总量处于前三位的依次是兰州都市圈的兰州核心区、河东地区重工业基地庆阳和河西地区新兴产业基地酒泉。从空间上来看，比较吻合20世纪末甘肃省在西部大开发初期，所完成的三个经济增长极的产业空间格局。

配第-克拉克理论判定，目前甘肃总体产业结构在2014年体现为"三二一"格局，异于长期"二三一"的布局，产业结构更加优化。区域内部经济总量差异比较明显，从GDP绝对数量角度考虑，全省14个区域单元中，处于领先的兰州、酒泉、庆阳三地GDP总值为3025.05亿，占甘肃省总体的48.26%，位于中间发展水平的张掖、武威、天水、平凉四地区域产值为1516.26亿，所占份额为24.19%。产值相对较低的金昌、定西、嘉峪关、陇南、白银五个经济单位产值为1203.39亿，占总量的19.19%，欠发达的临夏、甘南产值共153.21亿元，占总量的2.4%，此角度地域上差异非常明显。

产业现有空间布局中，兰州、天水、张掖、陇南、甘南、临夏产业结构表现为"三二一"格局，酒泉、庆阳、武威、平凉、金昌、嘉峪关、白银产业结构为"二三一"，定西产业结构为"三一二"。区域内各经济单位产业结构空间差异非常大，定西产业结构非常特殊，这是基于长期农业生产和旅游业发展及工业较差所形成的，别的区域均吻合理论解释。

2.甘肃省第一产业的空间布局差异性相对比较均衡

甘肃省作为西部欠发达地区，虽然近年来现代农业和都市观光农业取得快速发展，但第一产业从属性上来说传统性依然很强，除河西地区和部分河谷地带存在水利灌溉设施，区域内部大部分区域属于旱作农业，地理条件对传统农业的生产和发展起到决定作用。从空间布局来分析，鉴于嘉峪关为酒钢所在地，全市所有产业围绕酒钢布局，不具备独立农业生产的特殊产业属性和地域属性，在空间样本分析时考虑排除在外。

在2014年，甘肃省传统农业总产值为900.8亿元，区域内14个地、州、市区域中，农业产业经济总量处于前三位的依次是武威、天水、张掖，产值对应为94.7亿、90.65亿、88.98亿，所占甘肃省比重分别为10.51%、10.06%、9.87%，三单位农业产值总量为274.33亿，占全省农业总比重为30.45%，与区域属性相吻合。

同时，作为农业产业排后三位的金昌、甘南、临夏而言，在2014年传统产业产值为17.41亿、25.89亿、35.23亿，占甘肃全省份额依次为1.92%、2.8%、3.91%，三单位总产值为78.53亿，总份额为8.71%，这与区域农业地理条件紧密相关,甘南作为高海拔区域,农业中种植业较少,且地域内部分区域是重要的黄河水源保护地,金昌为戈壁区域、临夏为少数民族区域,三地农业生产条件均比较差。

从产业大空间分析,河东区域农业产值总量为322.58亿,占总体比重为35.81%,河西区域为286.79亿,占全省比重为31.84%,大兰州区域为246.78亿,占份额为27.39%。此外,如使用技术分析考虑全省平均水平,2014年甘肃14个子区域农业平均产值为64.34亿,高于此水平的有7个区域,低于此水平的有4个区域,技术层面相对保持平衡的有3个区域。综上所述,就传统农业而言,由于地理环境和生产条件的约束,甘肃省第一产业的空间布局差异性相对较小,空间布局也比较合理。

3.甘肃省现代第二产业的空间布局地域差异性非常明显

甘肃省作为国家三线建设时期的重要工业基地,第二产业构成主要为重工业。在2014年,区域内部第二产业总量处于前三位的依次是兰州市为829.2亿,占全省行业比重为28.35%,庆阳市为424.14亿,行业比重为14.5%,酒泉市为292.5亿,行业比重为10%,三经济增长极第二产业经济总值为1545.84亿,占甘肃第二产业总量的52.85%,其余12个经济子区域产业贡献率不到50%,第二产业从空间上表现出很大的区域差异性。

根据产业空间集群理论和甘肃省目前所推行的产业空间布局实践,此处采用大经济区域分析方法,酒泉与嘉峪关增长极合并为酒嘉经济区,兰州、白银组成兰白经济区,天水、庆阳增长极为天庆经济区,则三大经济区第二产业经济总量在2014年依次为462.2亿、1080.25亿、617.16亿,三大经济区所占全省行业比重分别为15.8%、36.93%、21.1%,总产值为2159.61亿,第二产业比重高达73.83%,空间布局上所形成的产业地域差异性呈现得更为突出。

若选择产业联系度紧密、地域毗邻的甘南州和临夏作为甘临经济区进行对比发现,2014年甘临大经济区第二产业总量仅为77.94亿,占甘肃行业的比重仅为2.6%,是兰州市第二产业份额的9.3%,兰白经济区的7.2%。由此发现甘肃省第二产业的空间布局基本与整体经济总量的空间布局吻合,空间上呈现明显的差异性。

4.甘肃省现代第三产业空间布局差异性最为突出,呈现"一大众小"局面

甘肃省第三产业近年来发展迅速,特别是现代服务业,其主导产业也产生替换,2014年第三产业超过第二产业,经济贡献居首,故新时期、新常态下分析第三产业的空间布局对甘肃省区域经济的可持续发展具有重要意义。目前,

甘肃省第三产业呈现出"一大众小"的局面，地域性差异最为突出。

2014年，甘肃省区域内部，兰州市第三产业经济总量达到1030.7亿，是甘肃省区域经济总量的15.07%，是全省第三产业份额的34.25%，其产业贡献率和地区贡献率对甘肃省整体经济发展和第三产业发展都起到首要贡献作用。而第三产业产值最低的金昌市仅为57.96亿，是全省兰州行业总量的5.6%。

除兰州之外，居于第二位和第三位的酒泉市产值246亿和天水市213亿，前者占全省行业比重7.9%，后者占7%，二者总产值为459亿，仅为兰州市的44.5%。从空间布局而言，有11个子区域第三产业产值在200亿之下，除兰州外的13个子区域现代第三产业总量均在250亿之下，在兰州之外相对均衡，印证了全省第三产业"一大众小"的空间产业特征。

此外，就目前甘肃省重点发展的新兴文化产业而言，2014年全省文化产业达355.81亿，兰州达51.3亿，占总份额为14.4%，第二位酒泉为14.76亿，占4.1%，与第三产业总体特征基本一致，空间差异也呈"一大众小"局面。

(三)地域视角甘肃省经济结构效益比较分析

1.指标说明

选取比较劳动生产率进行分析，比较劳动生产率（B）定义为产业的比重（C）与产业所从事的劳动力比重（L）之比。在正常情况下，产业结构过程中优化的效益结构行业的B值无限接近于1，趋近于0差。同时，选取比较劳动生产率差异系数S，观察产业发展的均衡程度，S接近1为产业结构趋优。

$$B_i = C/L_i \quad (i=1, 2, 3)$$

$$S = \frac{\sqrt{\sum_{-1}^{3}(B_i - 1)_1}}{3} \quad (i=1, 2, 3)$$

2.比较分析

根据《中国城市统计年鉴2012》对区域内各单位进行比较分析，过程中没有获取到甘南、临夏两个民族地区的数据。

表19 甘肃省各区域产业比较劳动生产率分布

区域单位	B_1	B_2	B_3	S
兰州市	10.92	1.02	0.92	3.3
酒泉市	2.37	1.61	0.56	0.52
庆阳市	17.5	14.2	0.25	7.04
天水市	7.13	1.22	0.51	2.05
武威市	2.27	1.9	0.49	0.54
平凉市	8.85	1.3	0.41	2.62
张掖市	2.91	1.34	0.55	0.66
定西市	11.12	2.41	0.56	3.4
金昌市	1.27	1.12	0.63	0.23
陇南市	5.53	1.6	0.57	1.52
嘉峪关市	0	1.07	0.69	0.35
白银市	9.08	1.2	0.61	2.69
甘南州				
临夏市				

注：根据中国城市统计年鉴自行计算整理资料

（1）根据表显示，各区域S值差异明显，同期甘肃省比较劳动生产率为0.46，只有嘉峪关市和金昌市低于此标准，庆阳、定西二地为区域中产业结构效益最差的单元，兰州具有传统农业产值比重低的特点，可以排除在外。从理论上表明甘肃省传统农业效益差、第二产业和第三产业效益较好，各区域产业结构层次相对比较落后，地域性上呈现出结构效益比较差的特点。

（2）从总体上各区域第二产业比较劳动生产率优于第三产业，传统农业部门的比较劳动生产率差异性最大，庆阳市、定西市、兰州市居于前列，白银次之，与区域的发展实际吻合，庆阳、定西农业就业人员较多，产值较低，比较劳动生产率低。兰州、白银为现代产业发达城市，传统农业发展不具备比较优势。

（3）第二产业除庆阳、定西之外，各区域均比较接近于1，兰州、嘉峪关、白银该产业比较劳动生产率依次领先，说明第二产业为各地区的支柱产业，与甘肃省"工业强省"战略和资源优势比较突出的特性相关。第三产业差异相对较小，兰州为0.92，处于领先地位，说明各区域单位均以现代服务业为新经济增长极进行培育，第三产业整体相对于第二产业效益差，但优于传统农业。

(四)甘肃省城乡经济地域性的差异形成的因素

1.政策优势及市场的自发作用

政策优势及市场的自发作用在第一集团表现得突出，兰州作为区域内政治、经济、文化和科教中心，甘肃省主要的人力资源集中地，信息流、物流和人流汇集于此。同时，甘肃省区域经济增长极战略为"中心带动、两翼齐飞"，中心为兰州市，两翼为酒泉市、庆阳市，此外兰州新区为国家级新区也是非常重要的利好政策。同时，市场充分发挥资本逐利而动的作用，极化效应使得经济增长极和落后区域之间产生地域性差异。

甘肃省作为国家三线建设时期重要的布点区域，政策效应对兰州、白银、金昌等区域目前的产业布局产生长期影响，全省的重工业主要集中在兰州、酒泉、白银、金昌、庆阳等资源性区域或中心区域。如酒泉是重要的风能基地、庆阳为长庆油田所在、白银是白银公司基地、兰州是国家级兰州新区所在之处。

同时，甘肃省最初的产业基地均位于陇海线之上，交通区位传导机制和点轴效应在产业布局中起到重要作用。交通空间的扩展，开辟了新的市场，市场促进城镇的发展与发育，城镇的密集出现为产业的空间布局奠定了基础和支撑。点轴效应和扩散效应使得经济增长极和欠发达区域间产生要素互动。

2.先天资源优势

兰州作为唯一一个黄河穿城而过的省会城市，地处河谷地带，在干旱区域地理条件相对比较优越，经济情况较好，区域资源禀赋优越。同时，基于传统的工业基地，是甘肃最重要经济增长极，人力资源突出，创新条件具备。酒泉地处河西走廊，地域辽阔，风能、旅游资源丰富，基础设施比较完善。庆阳作为石油天然气化工基地、央企长庆油田所在地，重工业发达。嘉峪关坐拥酒钢集团公司，金昌市金川公司是国内最大的镍钴生产基地，白银公司对白银市资源型工业城市的发展起重要支撑作用。

3.经济结构

产业结构是影响区域经济增长的重要因素，特别是非农比重。从表19中分析，区域内经济最为发达的区域，非农业产业比例都高，产业结构均有高度化和重型化的特点，如兰州市非农比重97.24%、酒泉市非农比重87.9%，金昌、白银、嘉峪关三个区域布局代表性除外。可以看出，经济实力较强区产业结构均优于落后区域。

现有的或传统的区域经济优势对于产业的空间布局产生着重要的影响，甘肃区域中经济发达区域，其显著的共同特征就是现代产业比例非常高，产业结构层次强，呈现高度化和现代性的特点。先进产业劳动生产率高，存在空间极化的强大优势，特别是第三产业其主要影响因素为人口，经济密度的高度性会促使传统经济增长极在发展的特殊阶段吸收落后区域的资源，导致经济实力较强区域空间产业结构优于落后区域。比如兰州区域现代产业的比例高达90%以上，传统农业所占份额不到10%。产业的空间极化作用会自发产生影响，省内几个重要经济增长极总量呈扩大趋势。

六、甘肃省内部特殊区域城乡统筹实证分析

(一)庆阳

在传统的经济增长方式下,甘肃省作为欠发达区域,经济增长依赖于资源的粗放投入,对生态环境造成了巨大压力。新时期如何根据地区特色,选择后发产业,充分发挥后发优势,对于甘肃省城乡统筹发展具有重要意义。特别是在某些特殊区域,发展特色优势产业,对区域经济可持续发展具有现实意义。本文选择甘肃省具有代表性的庆阳老区,分析其经济发展状况,建议在发展特色旅游业的情况下,促进区域统筹发展。

1.选取庆阳的研究意义

(1)作为欠发达区域而言,经济整体传统性较强,加快特色旅游业发展,不仅有利于培育新经济增长点,同时对于区域产业结构的调整和城乡统筹发展具有实际可操作意义。特色旅游业对提供就业岗位、增加农民收入,推动地区经济增长、生态环境保护方面意义重大。以2012年为例,甘肃省仅红色旅游接待消费者844万人,增速41.25%,行业收入21.9亿元,增速38.56%,红色旅游共提供显性隐性岗位7.3万。就庆阳地区而言,特色旅游业体现在红色旅游和民俗文化游。

(2)甘肃省有些特殊区域,特别是革命老区。近年来经济发展相对滞后,如何合理对老区特色旅游资源进行规划、开发,对甘肃省实现城乡统筹发展和文化产业大省建设、华夏文明传承区建设都具有重要的社会示范效应。老区是革命先烈们领导人民群众开创新中国的地方,新时期老区精神和革命思想对社会主义政治工程、文化工程和加快构建社会主义核心价值体系起着重要的作用。

(3)党的十六大提出大力扶持重要文化遗产保护,扶持老区和中西部地区文化发展,建设和巩固社会主义思想文化阵地。庆阳作为甘肃革命老区,红色遗址遗迹众多,如何通过发展特色旅游业,进行革命历史文化遗产保护,对于构建、发展先进文化,培育社会主义核心价值观,具有重要而深远的意义。同

时，红色旅游也成为现代旅游可持续发展的重要组成，和民俗旅游共同对老区经济的持续发展起到后发支撑作用。

2.庆阳老区特色旅游业禀赋分析

（1）资源禀赋

庆阳作为革命老区，为"最具艺术气质的西部名城"，是陕甘宁革命根据地的重要组成部分和陕甘宁省府所在地，老区存有大量革命遗址和文物，陕甘宁边区政府旧址、抗大七分校、南梁纪念馆等红色经典遗产均为具代表性的旅游资源。同时，中华文明传承区中，庆阳区域内为轩辕黄帝重要活动区域和周人发祥地，周祖陵殿、公刘殿、秦直道、刺绣、剪纸、皮影、道情等是特色人文旅游资源。

（2）政策优势

近年来，国家领导人高度重视、支持庆阳革命老区建设，习近平总书记亲自到庆阳市视察工作。2012年，《陕甘宁革命老区振兴规划》经国务院批准实施，庆阳120多个重点项目纳入国家战略。2013年，甘肃省政府制定甘肃华夏文明传承创新区"红色文化弘扬板块"实施方案，庆阳老区红色旅游作为主要组成部分。同时，新扶贫攻坚将庆阳纳入六盘山连片特困地区。此外，2009年国务院出台《关于加快发展旅游业的意见》及2013年4月《旅游法》顺利实施，均对特色旅游业发展构成重大政策优势。

（3）区位优势

庆阳老区紧邻宁夏、内蒙古、陕西及平凉、天水，为传统文化交流枢纽，上述区域特色旅游业发展比较成熟，庆阳可充分借鉴、发挥后发优势，形成区位优势。同时，伴随西长凤高速、西雷高速、西平铁路、银西铁路和庆阳机场扩建等基础设施建设的展开，区位优势会更加明显。此外，《陕甘宁革命老区规划》提议陇东组团发展将对庆阳区位优势增强起到促进作用。

（4）经济总量不断提升，与旅游业呈正相关增长

2013年庆阳GDP为606.07亿元，增速为14.5%，高于全国和全省6.8个百分点和3.7个百分点，占全省经济总量的9%，所占份额上升。在近几年统计数据显示中，2010年GDP为357.61亿元，增长15.8%，2011年为454.08亿元，增长16.8%，2012年为530.29亿元，增长16.1%，2013年为606.07亿元，比上年长14.5%，区域经济总量不断提升，后发优势凸现。

伴随经济发展，旅游业呈正向变化，2010年，旅游人数达133万，实现旅游收入4.27亿元；2011年旅游人数达240万，收入10亿元；2012年旅游人数达290万，收入12.21亿元；2013年旅游人数达371.20万，收入16.57亿，分别同

比增长 20.8%、22.1%、28.3%和 38.9%。

（5）经济质量更为优化

2013 年三大产业结构比为 13：62：25，第一产业 80.29 亿元，第二产业 377.94 亿元，第三产业 147.84 亿元，整体经济属于工业快速增长的中期阶段。同时，固定资产投资增长迅速，特别是与旅游业紧密相关的现代服务业，在 2013 年度投资的 1138.97 亿元中，第三产业投资增长 49.4%。此外，市场规模不断扩大，2013 年社会消费品总额为 146.54 亿元，增长 14.7%，增速高于全国和全省水平。同时，大口径财政收入为 154.25 亿元，增长 18.7%，增长率也高于同期省内和国家水平。

3.庆阳与兰州、张掖、天水等区域的比较分析

（1）经济总量

考虑数据时效性，选择 2013 年甘肃省统计局公布的统计公报为样板数据进行分析，选择兰州、张掖、天水三个甘肃省最为重要的经济增长极进行对比。

庆阳市 GDP 总值为 606.07 亿元，增率为 14.5%，三大产业结构比为 13：62：25，与旅游紧密联系的文化产业为 8.6 亿元，增长 53.6%，占总量的 1.4%。兰州市 GDP 总值为 1776.28 亿元，增长 13.40%，三大产业比例为 2.76：46.19：51.05，文化产业为 41.06 亿元，增长 38.74%，占全市 GDP 的比重为 2.31%。天水市 GDP 总值为 456.3 亿元，增长 11.5%，三大产业比例为 19：38.2：42.8。张掖市 GDP 总值为 336.86 亿元，增长 11.8%，三大产业比例 27：35：38，文化产业为 5.9 亿元，增长 45.32%，占生产总值的 1.75%。从中可以看出，除省会兰州以外，庆阳区域经济总量和文化产业发展比较迅速，但第二产业所占比例过高。

（2）市场规模和投资规模

作为衡量市场规模的重要指标——社会消费品零售总额，在 2013 年庆阳增长 14.7%，天水增长 14.2%，张掖增长 13.8%，兰州增长 14.7%，市场规模的扩大速度不断提升。从投资规模来看，2013 年庆阳固定资产投资总额增长 28.0%，张掖增长 29.32%，兰州增长 27.42%，天水增长 25.91%，从此角度分析，庆阳高于全省平均水平。

（3）特色旅游业

选择庆阳、天水、张掖、酒泉和甘南 2013 年的统计数据进行对比。庆阳旅游人数 371.20 万人次、收入 16.57 亿元，增长 28.3%、38.9%。天水旅游人数 1340 万人次、收入 76.56 亿元，分别增长 29.11%、增长 31.46%。张掖旅游人数 662.7 万人次、收入 36.8 亿元，对应增长 27%、增长 35.8%。酒泉旅游人数 1100.72 万人次、收入 95.95 亿元，增长 36.7%、收入 35.4%。甘南州旅游人数

410.2万人次、收入17.4亿元，增长33.3%及增长32.6%，旅游业从规模和收入数量发展远远落后于酒泉和天水等传统旅游区域，但后发优势相对比较明显。

4.庆阳市发展特色旅游业的劣势分析

（1）受传统地理限制

庆阳作为甘肃老区，受历史规划影响至今未通铁路，整体交通体系基于公路构建，受天气的影响较大，道路体系不完整。在景区建设中，除南梁革命纪念馆、中国人民抗日军政大学七分校校部旧址、列宁小学、大凤川军民大生产基地旧址等达到市场运作需要外，其余还不具备市场化的条件。

（2）生态环境的脆弱对新投资有约束

庆阳地区生态环境退化严重，属黄河流域水土流失重灾区，森林覆盖率为百分之二十五，石油开采业在区域经济中具有绝对的影响意义，传统的开发体系对区域内生态环境保护构成负面影响。同时，在新投资中，用于环境保护和生态补偿建设的资金较少，对发展特色旅游产生不利影响。

（3）产业周期性明显

庆阳作为西北内陆干旱区域，特色旅游季节性特征明显，红色旅游主要在清明节、五一劳动节、十一国庆节和暑假，受自然条件约束明显，使得旅游景区建设出现周期性波动。此外，在特色旅游发展过程中，旅游产品特别是具有庆阳地区代表性和特色性的民俗产品、红色产品较少，旅游产业链条较短，形成旅游产业周期性强，利润相对低的特点。

（4）宣传力度不够，从业人员素质亟待提升

庆阳地区蕴涵极其丰富的民俗资源和红色旅游资源，但受传统封闭环境的影响，未被更好地开发利用，旅游业无法与天水、酒泉等地比较。旅游资源和市场宣传力度不够，市场认同度不高，还没有品牌产业。同时，区域内旅游人才相对缺乏，现有旅游从业者素质偏低，人员整体学历水平偏低，高端管理人才和旅游业策划人才缺乏，配套住宿条件偏弱，对旅游可持续发展产生负面影响。

（二）天水

1.选择的意义

甘肃省地处我国西部，经济发展相对于全国其他省份而言较落后。根据《中国农村扶贫开发纲要（2011—2020年）》，全省有58个县级行政单位被划入国家扶贫开发工作重点县的名单。这些连片特困地区虽然自然资源、物产较

丰富，但是区域内人民受教育程度和思想开放程度相对较低，基础设施建设相对落后，优势产业与龙头企业的带动能力比较弱，导致了该区域贫困问题显著。按照新划定的扶贫标准计算，全省 58 个县有贫困人口 1300 多万，占全省人口总数的 50.43%。从此数据可以看出，甘肃省未来的扶贫任务还很艰巨。

随着我国扶贫工作的深入，集中连片特困地区成为新阶段扶贫攻坚的主战场，该区域贫困人口较为集中、基础设施薄弱、产业发展滞后，严重制约了当地经济发展。根据《中国农村扶贫开发纲要（2011—2020 年）》中将"发展特色优势产业"作为一项主要任务，产业化扶贫被赋予了新的内涵，特色优势产业也成为解决集中连片特困地区贫困问题的重要手段。

天水市作为关中经济带上重要的次中心城市，发展潜力巨大。所管辖的清水、秦安等 6 县区作为六盘山特困区的组成部分，与区内其他贫困县相比，区位优势明显，但产业发展因产业结构不合理、产业规模小等原因，贫困问题一直没有得到解决。

2.天水欠发达区域概况

天水市位于甘肃省东南部，山脉纵横，地势西北高、东南低，海拔在 1000～2100 米之间，市区平均海拔为 1100 米。东连陕西，西通青海，南临四川，北翻六盘山可直达宁夏。根据《中国农村扶贫开发纲要（2011—2020 年）》关于贫困县的具体划分，天水市所管辖县级行政单位中，有 1 区 5 县被列入贫困县名单，分别为：麦积区清水县、秦安县、甘谷县、武山县和张家川回族自治县。

6 县区位于甘肃省陇东南地区，山多川少，沟壑纵横。该区域 2291 个行政村中，贫困村比例占到 45.22%，其中，林缘区 129 个，高寒阴湿区 305 个，边远干旱区 602 个。农业耕地主要为要亚高山地、中低山地为主，土质松软，自然灾害频发。6 县（区）属温带季风气候，年平均气温为 11℃，年平均降水量 574 毫米，自东南向西北逐渐减少，年均日照 2100 小时。

从经济总量上看，截至 2013 年，天水市特困地区实现生产总值 311.14 亿元，同比增长 11.4%。其中第一、第二及第三产业产值分别为：73.88 亿元、108.6 亿元及 128.62 亿元；增长率分别为：5.6%、15.3% 及 10.1%。从贫困人口收入构成上来看，截至 2013 年，全市贫困人口人均总收入为 5311 元/人，其中家庭经营收入为 3854 元/人，增长率 10.91%，占总收入比重为 72.57%。如表20 为天水市贫困人口收入：

表20　天水市贫困人口收入

单元:元/人

县(区)	总收入	常住人口外出从业收入	农业生产收入	非农业生产收入	财政性收入	转移性收入
清水县	6212	1190	3747	142	43	275
秦安县	5785	834	3736	428	61	385
甘谷县	5747	1357	1801	906	66	502
武山县	5314	1234	1880	1203	30	311
张家川县	4151	1038	1764	210	19	250
麦积区	4707	1141	1998	312	63	276

数据来源:天水经济年鉴(2014)

3.天水三大产业发展情况

(1)农业

2013年,全市6个贫困县实现农林牧渔及服务业总产值120.85亿元,增加值73.88亿元,同比增长5.6%。分行业来看,种植业为62.82亿元,增长5.8%,林业为1.08亿元,增长3.8%,畜牧业为9.69亿元,增长3.3%,渔业为0.09亿元,增长2.39%。由历年数据可知,农业总产值从2006年的40.96亿元,上升到2013年的120.85亿元,实现了2.95倍的高速增长,其中种植业和牧业生产总值一直处于上升态势,分别达到2006年分类总值的3倍和2倍,林业则呈现出先增后降的发展趋势,渔业由于受到内陆地区区位优势不明显的影响,变化不大。总的来说,农业呈现出稳步发展的趋势。表21为2006—2013年天水区域农业总产值和构成所示。

表21　2006—2013年天水区域农业总产值和构成

单元:万元

年份	合计	种植业	林业	牧业	渔业
2006	409596	305341	10356	80918	754
2007	474602	379105	19430	73526	799
2008	618923	484374	27674	102501	910
2009	698546	552896	36993	104381	591
2010	872339	716453	30577	120676	626
2011	964162	791989	22742	143989	728
2012	1125698	945646	17990	155642	828
2013	1208550	1017587	18334	165847	905

数据来源:甘肃发展年鉴(2007—2014)

（2）工业

从纵向比较来看，过去几年，天水市连片特困地区贫困县的工业实现了较快发展，工业增加值在8年内增长了2倍，年均增速达到9.41%。工业的高速增长得益于天水市依托西北老工业基地的传统优势，围绕"工业强县"的举措，在固定资产投资与园区建设上向特困地区逐步倾斜。截至2013年，全市工业固定资产投资为148.19亿元，增速为40.78%，实现利税5.81亿元，增长率为20.13%。其中，70%以上的项目投资资金用于特困地区工业园建设，社棠、安伏-叶堡、西川、六峰等工业园规模不断扩大，有效带动了该区域的发展，促进农村剩余劳动力的转移。表22为2006—2013年天水市贫困县工业增加值。

表22　2006—2013年天水市贫困县工业增加值

单位:万元

	2006	2007	2008	2009	2010	2011	2012	2013
6个贫困县合计	269799	329123	373366	430534	455031	579929	65233	553908

数据来源：甘肃发展年鉴（2007—2014）

（3）服务业

服务业是衡量地区现代经济发达程度的重要依据，天水市特困地区服务业增加值为128.62亿元，高于全市增速。天水市是陇东南地区最大的仓储物流基地和重要的交通枢纽，这使得交通运输、仓储和邮政业、批发和零售业发展的区位优势明显，增加值占比分别为18.7%和17.2%。

同时，天水特困地区凭借当地丰富的旅游资源通过加快项目建设、发展特色县域旅游等措施，旅游业对当地经济带动作用逐步明显。在项目建设方面天水市特困地区在建旅游项目31项，占全市的63.24%。全面开展了清水轩辕湖、大象山生态公园等19个新增建设项目。

在发展县域特色旅游方面：武山县创新思路，推出五彩旅游策略，通过武山水帘洞拉梢寺世界摩崖大佛祈福活动及各类旅交会宣传本县区特色，知名度不断提升。甘谷县从为农户提供兴办农家乐的小额贷款入手，发展旅游专业村2个，农家乐40户。

4.天水地区城乡发展的制约因素

（1）从天水特困地区贫困县和甘肃省三大产业结构对比中可知，开展大规模扶贫工作的前十五年，天水特困地区第一产业比重大幅度下降，第二、第三产业占比上升明显，产业结构得以优化。但进入21世纪以来天水市特困地区经济增速虽然较大，但21世纪扶贫工作对产业结构优化成效不显著，特别是第二产业比重仍然不高，且趋于下降态势，第三产业发展比较缓慢，整体来看，层次仍然比较低。

表23　天水市特困地区贫困县和甘肃省及全国县三大产业结构对比

单位:%

年份	天水市6个贫困县			甘肃省县区平均水平			中国县区平均水平		
	第一产业占比	第二产业占比	第三产业占比	第一产业占比	第二产业占比	第三产业占比	第一产业占比	第二产业占比	第三产业占比
1990	49.4	27.8	22.8	26.4	40.5	33.1	27.1	41.3	31.6
1995	34.2	33.0	32.8	19.8	46.0	34.2	20	47.2	32.8
2000	20.6	38.6	40.8	18.4	40.1	41.5	15.1	45.9	39
2005	22.4	35.4	42.3	15.9	43.4	40.7	12.1	47.4	40.5
2010	26.2	32.7	41.1	14.5	48.2	37.3	10.1	46.7	43.2
2012	24.9	34.1	41.0	13.8	46.0	40.2	10.1	45.3	44.6
2013	23.6	34.7	41.7	13.5	44.7	41.8	10	43.9	46.1

数据来源：甘肃省发展年鉴（2014）、中国县域统计年鉴（2014）

（2）农业产业化水平低

目前，天水特困地区农业产业化水平低主要体现在以下几点：第一，农产品加工龙头企业数量较少，实力较弱，由于缺少技术和资金，生产设备相对落后，农产品只经过简单加工，便流向市场，产品附加值低，不仅其产品竞争力较弱，生产效益低，还浪费了特困区资源、地理条件上的优势，导致农产品只增产不增收的矛盾突出。第二，绿色、无公害食品生产意识较差。绿色、无公害是农产品走产品高端化的主要途径，是现代农业发展的趋势。目前，天水特困地区农户在农产品种植上盲目追求产量，农药和化肥使用量逐年上升。在2006—2013年的8年间，化肥施用量每亩增加27.23%，农药施用量更是增长了近8倍，从而导致了土地盐碱化程度加深，产品质量较差，销售收入相对较低。同时，低端化的产品满足不了日益多样化的市场需求，限制了开拓省外市场的能力。

（3）工业结构重型化，服务业发展慢

从工业发展态势来看，由于受到三线建设和甘肃省工业发展路径的影响，长期以来，天水市工业生产都以重工业为主，虽然轻工业发展机会较多，但对于传统路径依赖性较强，以装备制造、建材为代表的重工业发展规模不断扩大，其在工业中的地位进一步强化。从生产要素依存角度方面分析，重工业大多是资本密集和技术密集型产业，虽然能促进当地经济的增长，增加财政税收，但对从业人员人力资本要求较高，不符合天水特困区发展的要求，导致就业匹配性较差，难以提高收入水平。而轻工业大多是劳动力密集型产业，对人员人力资本要求较低，能促进劳动者大规模就业，提高居民收入。天水市长期偏重重工业的发展方式，严重制约了当地市场经济体制的完善和健全，导致解决贫困问题的进程较为缓慢。如下图所示：

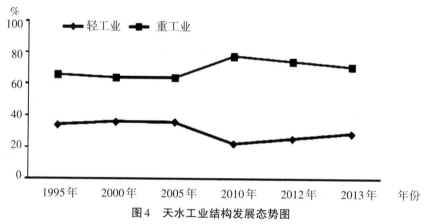

图4　天水工业结构发展态势图

由于经济、观念等条件的限制，天水地区服务业总体水平不高，近年来，天水特困地区发展处于停滞状态。从产业内部结构来看，非营利性服务业占服务业增加值比重达39.9%，效益偏低的传统服务业占比为35.9%，而为第一、第二产业提供融资服务的金融、保险行业仅占4%。这导致了第一、第二产业企业融资能力较差，融资成本较高，难以扩大生产规模和提高核心竞争力，使企业竞争中处于相对劣势。

5.天水欠发达区域城乡统筹发展的针对性措施

（1）完善基础设施建设

基础设施是区域经济发展的硬件要求，当前天水通达度不够，水利工程设施老化严重。针对此类问题，一方面，特困区应结合当地地形地貌特征，建设乡村公路。对于已经实现通路的乡村，根据当地产业发展的需要，逐步提高道路硬化率和公路等级。

同时加强道路的养护和管理，实行"市修、县管"的体制，使其能更好地服务于特困区的优势产业。另一方面，通过继续扩大财政投入、采用BOT模式等方式，兴修水利工程，提高水利灌溉效率，从而改善当地种植业、林业的生产条件。对老化设备进行翻修、更新，加强维护管理。

（2）注重人力资本的培养

天水地区，农村剩余劳动力较多，且素质水平较低。当地人社和教育部门，应加强职业教育和技能培训，在培训方式上，采取校企合作，聘请当地特色工业企业技术能手任教，给予相关培训人员企业实习和就业机会，促进农村剩余劳动力向城镇转移。同时，通过提供优厚待遇，宣传乡土乡情，感召天水籍国内外优秀人才返乡创业的热情，提高整体素质水平。

（3）加大科技创新

技术进步是推动产业发展的核心，天水地区要实现可持续发展，首先必须要加大科研投入，通过政府引导，依托科研院所，进行科技创新，形成产教融合的制度模式。其次，设置高额奖金、免税、税收返还等优惠措施，刺激企业、技术人员进行技术创新的积极性。最后，运用对口帮扶模式，注重和天津的技术合作交流，学习东部先进经验，结合自身产业特点，实行市场化推广。

（4）加大工作力度，解放农户思想，推动农村土地流转

农村土地流转是推动农业产业化经营的关键。在本文第三章的分析中，土地流转缓慢制约了当地经济的发展。在土地流转的过程中，宣传是关键，打消农户顾虑是核心。各级政府应首先将此项工作作为年度考核指标体系的重要内容来抓，通过调查、勘测，建立全覆盖、动态管理体制。同时，注重法律条文的宣传和讲解，使农民对国家的富民政策有更加深入透彻的理解，打消农户的顾虑，消除他们对相关的政策误解。

七、甘肃省主导产业的演进历史

甘肃与陕、宁、新、青、川和内蒙古接壤，光热、土地、生物、旅游、矿产和劳动力资源丰富。经过几十年的建设，形成了富有特色的工业体系，具有一定科技实力，是我国重要的老工业基地和科研基地。兰州是"一五"国家重点建设城市、西北地区重要的交通通信枢纽，也是国家级西北商贸中心。这种特殊区位，加上较好的工业、商贸、科技基础和资源条件，决定了甘肃将发挥重要的依托作用和联结西北省区、促进东西部地区交流的桥梁和纽带作用。

有史以来，甘肃一直是西北地区经济文化交流的中心，是连接内地与边疆少数民族地区的交通要道，也是内地经济向少数民族地区辐射的主要过渡带。加快甘肃的开发建设，将示范、带动西北少数民族地区经济发展，促进民族团结和边疆稳定。

甘肃地处黄河上游水土流失和西北沙尘暴的重灾区，其生态环境的好坏，不仅影响甘肃经济社会的发展，也直接影响黄河中下游地区的环境安全。改善甘肃的生态环境，既有利于甘肃和西北地区经济、社会与环境的协调发展，也为黄河下游树起一道生态屏障。甘肃自然环境较差，贫困人口较多，发展难度大，从根本上改变其相对较落后的面貌，对于缩小东西部地区差距、实现全国第三步战略目标将具有重大现实意义。

(一)支柱型产业内涵和特征的重要描述

1.支柱型产业是指在国民经济中起着骨干性、支撑性作用的产业。其标志是：(1)在国民经济的发展中有着举足轻重的地位；(2)其增加值在国民经济的5%以上，对国民经济增长的贡献度大，能为国家提供大量资金积累；(3)符合产业结构演进方向，有利于产业结构优化；(4)产业的关联度强，能够带动众多相关产业发展。甘肃主导产业的发展目标，是构建一个以主导产业为核心的、合理有序的产业发展体系，并以区域科技创新体系为支持平台，在全面提升区域科技创新能力的基础上，以高新技术和先进适用技术改造传统支柱产业，提升其竞争力；大力支持主导产业发展壮大自主创新能力，充分发挥其扩散、带动作用。经过5～10年的努力，加速甘肃产业结构调整和优化升级，加速文化产业的发展。

我国关于支柱产业理论的讨论发端于20世纪80年代中后期，并且一直延续至今，经过几十年的理论探讨，支柱产业的定义仍未能形成一个定论。纵观各家学者的提法，无外乎可以归纳为三种：一是较多地从支柱产业所表现出的众多特征上概述，但对于支柱产业自身的特征认识不全面；二是从支柱产业对国民经济的贡献和产业结构中所处的地位进行总结；三是对于支柱产业与主导产业的关系认识不足，甚至混为一谈。上述三种提法虽存在一定的合理成分，但作为概念性的表述，仍表现出一定的不严谨性，因此，本文尝试对支柱产业做一较全面、规范的定义。

2.支柱产业是指在一定时期内，构成一个国家产业体系的主体，具有广阔的市场前景，技术密度高，产业关联性强，发展规模大，经济效益好，对整个国民经济起支撑作用的产业。本文对支柱产业的界定，既体现了支柱产业在国民经济和产业体系中所处的地位和发挥的作用，又较全面地总结了支柱产业的特征，并且对支柱产业与主导产业做了一定的区分，而就对支柱产业特征和支柱产业与主导产业关系的进一步认识将在下面有关部分中做进一步的阐述，如同对支柱产业内涵表述的不一致性，支柱产业特征的表述仍存在各家之言。

（二）甘肃省主导产业的演进过程

1.重型化产业结构形成时期

1953—1978年是甘肃工业化的初期阶段，甘肃省产业结构的变化主要受国家宏观战略的影响，走的是一条传统的工业化道路。

甘肃省第一产业和第二产业比重都发生了比较大的变化，第三产业变化相对较小。第一产业在GDP中所占的比重由1952年的65.02%，下降到1978年的20.41%；第二产业在GDP中所占的比重由1952年的12.99%，上升到1978年的60.31%；第三产业在GDP中所占的比重由1952年的22.00%，下降到1978年的19.28%。可以看出，1952年第一产业在GDP中所占的比重是65.02%，第二产业在GDP中所占的比重是12.99%；1959年，第一产业的比重是31.98%，第二产业的比重是43.03%，第二产业首次超过第一产业；1978年，第一产业的比重是20.41%，第二产业的比重是60.31%，第三产业的比重是19.28%，第二产业远远超过第一产业和第三产业。在第二产业中，工业增长速度快于建筑业增长速度，而工业内部，重工业增长速度又远远超过轻工业增长速度，使得重工业比重大大超出轻工业的比重。在 1952—1978 年的 26 年中，甘肃省工业内部轻重工业比重发生了比较大的变化。轻工业的比重由 1952 年的 64.70%，下降到 1978 年的 18.33%；重工业的比重由 1952 年的 35.30%，上升到 1978 年的 81.67%。

2.产业结构调整时期

1978 年以来甘肃的三大产业结构随着经济的快速发展也发生了较大变化。总体上显现出第一产业和第二产业比重逐渐下降趋势，第三产业比重逐渐上升的趋势。具体到甘肃三大产业产值结构的演变趋势大致可以分为以下三个阶段：

（1）第一阶段

1978—1992 年甘肃第一产业显波动趋势，第三产业产值比重显上升趋势，第二产业产值比重显下降趋势。这个阶段可以分为两个时期，前期为 1978—1983 年，后期为 1984—1992 年。1978—1983 年期间，第二产业产值比重快速下降，而第一产业产值比重迅速上升。

（2）第二阶段

1993—1999 年第一产业产值比重总的显下降趋势，但是 1996 年出现突然上升的情况，第二产业产值比重显现先上升后下降趋势，总体保持上升的趋势，第三产业产值比重显现先下降后上升趋势，第二、第三产业产值比重出现此消彼长的情况。

（3）第三阶段

2000—2012 年第一产业产值比重显不断下降趋势，第二产业和第三产业产值比重均显波动趋势。这个阶段也可以分为两个时期：前期 2000—2004 年，后期 2005—2012 年。

（三）甘肃省产业结构的特征

1.二元型与重化工型结构长期并存

产业的二元结构对甘肃省来说主要表现在：在三大产业内部，落后的农业与大城市中发达的工业并存；在工业产业内部，重工业偏重，轻工业偏轻。由于甘肃省农业非常落后，按照产业结构演变规律，是无法支撑起目前甘肃的重型工业化结构。这种二元结构，严重影响着甘肃的产业结构调整。

将甘肃产业结构与世界经济模型中同等经济收入水平的产业结构进行比较，可以发现，甘肃产业结构演进进程同世界产业结构演进的一般规律是不相符的。甘肃产业结构演变存在着明显的偏差，突出表现在以下几个方面：世界一般产业结构在人均GDP为300美元左右时，经济重心偏重于农业和轻工业，为迈向以轻工业和基础设施建设为主的工业初级化阶段做准备。然而，甘肃经济的重心，在1978年人均GDP为348元时，就已经跨入了工业化过程中比较高级的阶段，形成了以重工业为主的产业结构。造成这种现象的主要原因，与我国从"一五"计划开始实施的重工业优先发展模式直接相关。而且从现有的产业结构来看，重化工型产业结构的能源消耗比较高，污染物排放量比较大，这一特点严重影响甘肃在经济快速发展时"节能减排"任务的完成，成为甘肃经济发展的掣肘。

2.结构不断的优化

改革开放以来，随着我国经济的持续快速发展，甘肃的经济也取得了一定的突破。2012年我国GDP达到了516282.1亿元，甘肃GDP为5650.2亿元，占全国总GDP的1.09%。虽然甘肃GDP总量在全国的比重依然较低，但是甘肃GDP在全国的比重总体显现不断上升的趋势，尤其是进入2010年以后所占比重上升速率显现不断加速的趋势。

甘肃的经济保持良好态势的同时，产业结构优化也取得了一定的成绩。1978年甘肃的三大产业产值比重为：20.41：60.31：19.28；2012年变为：13.81：46.02：40.17。1983年甘肃三大产业就业比重为：80.21：10.88：8.92；2012年变为：60.45：15.64：23.91。从总体上可以看出甘肃的产业结构由1978年的"二一三"模式向"二三一"模式转变，且第三产业的产值比重已经接近第二产业比重，未来若干年可能转向更优的"三二一"模式。

(四)甘肃省转变经济增长方式的必要性分析

甘肃省作为一个经济欠发达、自然资源基础薄弱、经济发展又对自然资源高度依赖的省份。

1.从资源保有水平上来看，甘肃省资源拥有量已处在相对不足的境地，由资源大省向资源贫省转化。据统计，全省煤炭探明保有贮量86亿吨，人均只有330吨，为全国人均600吨水平的55%。石油探明贮量3.6亿吨，只占全国探明贮量的1.2%，人均拥有量只有全国平均水平的一半左右。

全省人均水资源量1150立方米，仅为全国人均水平2200立方米的一半。在关系国计民生的45种主要矿产资源中除有色金属等少量几种资源的贮量相对比较丰富外，铁、铅、锌、滑石、硫、磷、钾、芒硝、石墨等主要矿产资源后备资源短缺的问题比较突出,已经由资源大省向资源相对不足省份转化。

2.从发展模式来看,粗放型发展模式已经走到尽头,到了非改不可的时候。据统计,全省万元GDP能耗是全国平均水平的1.5倍,水耗是全国平均水平的3.5倍。生态恶化和环境污染形势依然相当严峻,污染治理任务十分艰巨。

如果继续沿袭高投入、高消耗、高排放的粗放型发展模式,必然导致资源难以为继,环境不堪重负。这些问题,既直接影响我省经济增长的速度,又直接影响我省经济运行的质量和效益。因此,甘肃发展进入了既要发展经济,又要加大环境保护的发展的新阶段。

3.从经济结构来看,甘肃作为全国老工业基地之一,工业经济在整个国民经济中的比重占到绝对地位,而在工业经济中,以能源、原材料为主的重型工业占绝对比重。全省工业多属以能源、原材料为主的重型工业结构,特别是有色、冶金、电力、石化、机械、建材等支柱产业,都是资源、能源和基础材料消耗的重点行业。更为严峻的是,资源的利用效率低下,单位产出的能源消耗量大。

从工业产业区域布局上看,甘肃工业主要建立在几个资源型城市的基础上,而且这些城市都同样面临可持续发展的问题。金昌、白银、嘉峪关、玉门、窑街等重点资源型城市,现在面临资源日益枯竭的严峻形势。

据有关调研报告称,按照现有生产能力,白银公司铜资源的服务年限铅、锌资源各在15年左右;金川公司镍、铜资源服务年限在40年和30年左右;酒钢铁矿石资源服务年限在40年;玉门石油资源服务年限在13年左右。资源型城市由资源枯竭而引发的可持续发展问题现在非常突出。

正是基于对甘肃省发展阶段和特点的新认识,甘肃省在确定经济发展方向时,提出了以优化资源利用方式为核心,以提高资源利用效益和降低污染物排放为目标,加强政策法规建设,加快工作机制创新,充分依靠技术进步,切实强化监督管理,逐步建立有利于发展循环经济的宏观调控体系和运行机制,从而加快建设资源节约型社会,努力实现经济社会的可持续发展的新战略。

八、甘肃省产业结构演化过程中地域性差异

长期以来，甘肃省产业结构演化实践证明，区域产业结构调整与经济增长和社会进步存在正相关关系。政策条件、先天资源禀赋特点和社会经济条件等决定了区域的产业结构水平和状况。同时，区域内产业结构效益状况推动或阻碍着区域经济的发展方向。目前，甘肃省整体产业结构表现以工业化推动为主，如何根据产业效益进行产业结构调整与优化对区域经济的进一步发展具有首要意义。同时，由于长期产业结构的演进，区域内产业结构呈现出地域性差异，如何基于现状推动产业结构高度化，对于统筹各区域进而实现全省产业进步具有支撑作用。

(一)地域视角甘肃省产业结构现状概述

1.甘肃省经济概况

作为西部重要的能源和原材料工业基地，甘肃省2013年实现GDP 6268.0亿元，增长10.8%，高于同期全国平均水平。从主体来看，传统产业879.4亿元，增长5.6%；工业和建筑业2821.0亿元，增长11.5%；以现代服务业为核心的第三产业2567.6亿元，增长11.5%，第二、第三产业加速增长，特别是现代服务业后发优势充分发挥，如金融业2013年实现234.2亿元，增长24.8%，文化产业实现105.8亿元，增长35.6%。

2014年甘肃省经济总量6835.27亿元，比2013年增长8.9%，基于后发优势的作用高于同期全国平均水平。传统第一产业900.80亿元，增长5.6%；以工业为主体的第二产业2924.86亿元，增速9.2%；以现代服务业为核心的第三产业增加值为3009.61亿元，增长9.5%，其中，金融业355.81亿元，增长19.5%，文化产业132.91亿元，增速25.65%。

比较来说，除传统农业受环境的影响较小，增长情况保持稳定以外，现代工业和服务业均增速有所回落，且幅度保持同步。金融业和文化产业发展非常快，平均增长速度分别达到10.35%和30.625%。

2.各行政区域经济总量角度的区域性差异

区域内部表现出总量差异，在表24甘肃省14个区域中，处于前三位的兰州、酒泉、庆阳组成第一集团，其经济总量为3025.05亿元，占全省总量的份额为48.26%，处于第二梯队的天水、武威、平凉、张掖总GDP为1516.26亿元，占全省总量的份额为24.19%。定西、金昌、陇南、嘉峪关、白银总量为1203.39亿元，占全省总量的份额为19.19%。甘南州和临夏市总量为153.21亿元，占全省总量的份额为2.4%，为第一集团的5.06%，地域上差异非常明显。

表24 甘肃省各区域产业总量与所占份额一览表

单位：亿元

区域单位	经济总量	第一产业	所占比例	第二产业	所占比例	第三产业	所占比例
甘肃省	6268	879.4	14%	2821	45%	2567.6	41%
兰州市	1776.28	49.12	2.76%	820.42	46.19%	906.74	51.05%
酒泉市	642.7	77.8	12.1%	340.9	53%	224	34.9%
庆阳市	606.07	80.29	13.2%	377.94	62.4%	147.84	24.4%
天水市	456.3	86.8	19%	174.5	38.2%	195	42.8%
武威市	381.18	89.2	23.4%	166.17	43.6%	125.82	33%
平凉市	341.92	77.1	22.5%	146.58	42.9%	118.23	34.6%
张掖市	336.86	93.11	27.6%	120.3	35.7%	123.5	36.7%
定西市	252.22	78.07	31%	64.58	25.6%	109.57	43.4%
金昌市	252.04	15.79	5.1%	183.15	78.4%	53.1	16.5%
陇南市	249.5	61.63	24.7%	73.97	29.6%	113.9	45.7%
嘉峪关市	226.3	3.86	1.72%	171.21	75.56%	51.22	22.62%
白银市	223.33	5.26	2.36%	138.62	62.07%	79.45	35.57%
甘南州	108.89	24.34	22.3%	28.55	26.2%	56.01	51.5%
临夏市	44.32	3.4	7.7%	9.3	21.1%	31.6	71.2%

注：根据2013年甘肃省统计公报整理

3.产业结构角度存在的差异

根据配第-克拉克定律分析，由于金昌、嘉峪关、白银为金川公司、酒钢、白银公司所在地,产业结构具有非典型性,排除在外。甘肃省整体经济结构均表现出"二三一"的产业状况,区域内部第一集团整体吻合全省水平,特别是庆阳表现得更为明显。天水、武威、平凉、张掖四地整体接近全省的产业结构状况,但表现出传统农业比较发达的经济现实,这与四个单元农业资源禀赋较好的条件一致。定西、陇南呈现出传统农业更强,工业实力递减的趋势,第三产业较强的特点。临夏和甘南第三产业远高于其他区域,主要考虑为旅游业的支撑,区域经济欠发达,工业化水平较低,产业结构层次低。

表25 甘肃省各区域产业总量与所占份额一览表

单位:亿元

区域单位	第一产业总量	第二产业总量	第三产业总量	三大产业比例
甘肃省	900.8	2924.86	3009.61	13.2:42.8:44
兰州市	53.6	829.2	1030.7	2.80:43.34:53.86
酒泉市	81.7	292.5	246	13.2:47.2:39.6
庆阳市	80.62	424.14	164.17	12.1:63.4:24.5
天水市	90.65	193.02	213.22	18.3:38.8:42.9
武威市	94.7	172.89	138.37	23.3:42.6:34.1
平凉市	85.08	134.3	131.15	24.3:38.3:37.4
张掖市	88.98	119.04	145.41	25.2:33.7:41.1
定西市	74.95	70.45	122.54	28.0:26.3:45.7
金昌市	17.41	170.28	57.96	7.1:69.3:23.6
陇南市	66.23	69.38	126.92	25.23:26.43:48.34
嘉峪关市	4	169.7	69.4	1.63:69.80:28.57
白银市	57.11	251.05	189.42	11.48:50.45:38.07
甘南州	25.89	28.3	60.72	22.5:24.6:52.9
临夏市	35.23	49.64	101.18	18.94:26.68:54.38

注:根据2014年甘肃省统计公报整理

4.区域经济增长极呈极化效应

根据增长极的理论将甘肃省整体经济增长极细分为三个,中心省会兰州,河东地区选择天水和庆阳，河西选择酒泉和张掖作为区域经济中心。

表26 区域经济增长极情况一览表

单位：亿元

区域单位	经济总量	第一产业	第二产业	第三产业	文化产业
甘肃省	6835.27	900.8	2924.86	3009.61	355.81
兰州市	1913.5	53.6	829.2	1030.7	51.3
酒泉市	620.2	81.7	292.5	246	14.76
张掖市	353.436	88.98	119.04	145.41	7.03
庆阳市	668.937	80.62	424.14	164.17	11.03
天水市	496.89	90.65	193.02	213.22	12.26

注：根据2014年甘肃省统计公报整理

根据表26显示，五个区域经济增长极经济总量为4052.963亿，第一产业、第二产业、第三产业依次为395.55亿、1857.9亿、1799.5亿，此四个数据占甘肃省总量的比例依次对应为59.29%、43.91%、63.52%、59.79%，除传统农业产业外，工业和现代服务业均表现出较强的极化效应，特别是第二产业五个增长极占了全省比重的63.52%，超出产业平均水平4.23%，极化效应表现得更为突出。

作为新兴产业的文化产业而言，兰州、酒泉、张掖、庆阳、天水增长极共计完成经济总量96.38亿，占全省的比重仅为27.08%，比较传统产业空间布局而言表现出不同之处，这于甘肃省整体所推行的文化产业大省建设和华夏文明传承区建设紧密联系，全省各子区域均积极发展文化产业，整体均衡推进。

(二)甘肃省现存产业结构的空间布局和差异性分析

此处分析借鉴经典理论配第-克拉克定理，从空间因素分析整体的产业结构空间布局情况，实证数据选自2014年甘肃省国民经济和社会发展统计公报。

1.区域内部经济总量呈现空间分散和区域差异现象

基于长期以来甘肃省所推行的工业强省战略，工业在区域空间布局和经济总量中贡献率比较显著，传统农业贡献较小，现代服务业对产业空间布局产生新的最重要影响。全省整体上可以分为兰州都市圈、河东地区、河西地区三大传统经济区域。在2014年度，甘肃省经济总量处于前三位的依次是兰州都市圈的兰州核心区、河东地区重工业基地庆阳和河西地区新兴产业基地酒泉。从空间上来看，比较吻合20世纪末甘肃省在西部大开发初期，所完成的三个经济增长极的产业空间格局。

配第-克拉克理论判定，目前甘肃总体产业结构在2014年体现为"三二一"格局，异于长期"二三一"布局，产业结构更加优化。区域内部经济总量差异比较明显，从GDP绝对数量角度考虑，全省14个区域单元中，处于领先的兰州、酒泉、庆阳三地GDP总值为3025.05亿，占甘肃省总体的48.26%，位于中间发展水平的张掖、武威、天水、平凉四地区域产值为1516.26亿，所占份额为24.19%。产值相对较低的金昌、定西、嘉峪关、陇南、白银五个经济单位为1203.39亿，占总量的19.19%，欠发达的临夏、甘南共153.21亿元，占2.4%，此角度地域上差异非常明显。

产业现有空间布局中，兰州、天水、张掖、陇南、甘南、临夏产业结构表现为"三二一"格局，酒泉、庆阳、武威、平凉、金昌、嘉峪关、白银产业结构为"二三一"，定西产业结构为"三一二"。区域内各经济单位产业结构空间差异非常大，定西产业结构非常特殊，这是基于长期农业生产和旅游业发展及工业较差所形成的，别的区域均吻合理论解释。

2.甘肃省第一产业的空间布局差异性相对比较均衡

甘肃省作为西部欠发达地区，虽然近年来现代农业和都市观光农业取得快速发展，但第一产业从属性上来说传统性依然很强，除河西地区和部分河谷地带存在水利灌溉设施，区域内部大部分区域属于旱作农业，地理条件对传统农业的生产和发展起决定作用。从空间布局来分析，鉴于嘉峪关为酒钢所在地，全市所有产业围绕酒钢布局，不具备独立农业生产的特殊产业属性和地域属性，在空间样本分析时考虑排除在外。

在2014年，甘肃省传统农业总产值为900.8亿元，区域内14个地、州、市区域中，农业产业经济总量处于前三位的依次是武威、天水、张掖，产值对应为94.7亿、90.65亿、88.98亿，所占甘肃省比重分别为10.51%、10.06%、9.87%，三单位农业产值总量为274.33亿，占全省农业总比重30.45%，与区域属性相吻合。

同时，作为农业产业排后三位的金昌、甘南、临夏而言，在2014年传统产业产值为17.41亿、25.89亿、35.23亿，占甘肃全省份额依次为1.92%、2.8%、3.91%，三单位总产值为78.53亿，总份额为8.71%，这与区域农业地理条件紧密相关，甘南作为高海拔区域，农业中种植业较少，且地域内部分区域是重要的黄河水源保护地，金昌为戈壁区域、临夏为少数民族区域，三地农业生产条件均比较差。

从产业大空间分析，河东区域农业产值总量为322.58亿，占总体比重为35.81%，河西区域产值总量为286.79亿，占全省比重为31.84%，大兰州区域产值总量为246.78亿，占份额27.39%。此外，如使用技术分析考虑全省平均水平，2014年甘肃14个子区域农业平均产值为64.34亿，高于此水平的7个区域，低于此水平4个区域，技术层面相对保持平衡的3个区域。综上所述，就传统农业而言，由于地理环境和生产条件的约束，甘肃省第一产业的空间布局差异性相对较小，空间布局也比较合理。

3.甘肃省现代第二产业的空间布局地域差异性非常明显

甘肃省作为国家三线建设时期的重要工业基地，第二产业构成主要为重工业。在2014年，区域内部第二产业总量处于前三位的依次是兰州市829.2亿，占全省行业比重为28.35%，庆阳市424.14亿，行业比重为14.5%，酒泉市292.5亿，行业比重为10%。经济增长极第二产业经济总值为1545.84亿，占甘肃第二产业总量的52.85%，其余12个经济子区域产业贡献率不到50%，第二产业从空间上表现出很大的区域差异性。

根据产业空间集群理论和甘肃省目前所推行的产业空间布局实践，此处采用大经济区域分析方法，酒泉与嘉峪关增长极合并为酒嘉经济区，兰州、白银组成兰白经济区，天水、庆阳增长极为天庆经济区，则三大经济区第二产业经济总量在2014年依次为462.2亿、1080.25亿、617.16亿，三大经济区所占全省行业比重分别为15.8%、36.93%、21.1%，总产值为2159.61亿，第二产业比重高达73.83%，空间布局上所形成的产业地域差异性呈现得更为突出。

若选择产业联系度紧密、地域毗邻的甘南州和临夏作为甘临经济区进行对比发现，2014年甘临大经济区第二产业总量仅为77.94亿，占甘肃行业的比重仅为2.6%，是兰州市第二产业份额的9.3%，兰白经济区的7.2%。由此发现甘肃省第二产业的空间布局基本与整体经济总量的空间布局吻合，空间上呈现明显的差异性。

4.甘肃省现代第三产业空间布局差异性最为突出，呈现"一大众小"局面

甘肃省第三产业近年来发展迅速，特别是现代服务业，其主导产业也产生替换，2014年第三产业超过第二产业，经济贡献居首，故新时期、新常态下分析第三产业的空间布局对甘肃省区域经济的可持续发展具有重要意义。目前，甘肃省第三产业呈现出"一大众小"的局面，地域性差异最为突出。

2014年，甘肃省区域内部，兰州市第三产业经济总量达到1030.7亿，是甘

肃省区域经济总量的15.07%，全省第三产业份额的34.25%，其产业贡献率和地区贡献率对甘肃省整体经济发展和第三产业发展都起到首要贡献作用。而第三产业产值最低的金昌市仅为57.96亿，是全省兰州行业总量的5.6%。

除兰州之外，居于第二位和第三位的酒泉市产值为246亿和天水市产值为213亿，前者占全省行业比重7.9%，后者占7%，二者总产值为459亿，仅为兰州市的44.5%。从空间布局而言，有11个子区域第三产业产值在200亿以下，除兰州外13个子区域现代第三产业总量均在250亿以下，在兰州之外相对均衡，印证全省第三产业"一大众小"空间产业特征。

此外，就目前甘肃省重点发展的新兴文化产业而言，2014年全省文化产业为355.81亿，兰州达51.3亿，占总份额为14.4%，第二位酒泉为14.76亿，占4.1%，与第三产业总体特征基本一致，空间差异也呈"一大众小"局面。

(三)地域视角甘肃省产业结构效益比较分析

1.指标说明

选取比较劳动生产率进行分析，比较劳动生产率（B）定义为产业的比重（C）与产业所从事的劳动力比重（L）之比。在正常情况下，产业结构过程中优化的效益结构行业的B值无限接近于1，趋近于0差。同时，选取比较劳动生产率差异系数S，观察产业发展的均衡程度，S接近1为产业结构趋优。

$$B_i=C_i/L_i \quad (i=1,2,3)$$

$$S=\frac{\sqrt{\sum_{-1}^{3}(B_i-1)_1}}{3} \quad (i=1,2,3)$$

2.根据《中国城市统计年鉴2012》对区域内各单位进行比较分析，过程中没有获取到甘南、临夏两个民族地区的数据。

表27 甘肃省各区域产业比较劳动生产率分布

区域单位	B_1	B_2	B_3	S
兰州市	10.92	1.02	0.92	3.3
酒泉市	2.37	1.61	0.56	0.52
庆阳市	17.5	14.2	0.25	7.04
天水市	7.13	1.22	0.51	2.05

续表

区域单位	B_1	B_2	B_3	S
武威市	2.27	1.9	0.49	0.54
平凉市	8.85	1.3	0.41	2.62
张掖市	2.91	1.34	0.55	0.66
定西市	11.12	2.41	0.56	3.4
金昌市	1.27	1.12	0.63	0.23
陇南市	5.53	1.6	0.57	1.52
嘉峪关市	0	1.07	0.69	0.35
白银市	9.08	1.2	0.61	2.69
甘南州				
临夏市				

注：根据中国城市统计年鉴自行计算整理资料

（1）根据表27显示，各区域S值差异明显，同期甘肃省比较劳动生产率为0.46，只有嘉峪关市和金昌市低于此标准，庆阳、定西二地为区域中产业结构效益最差的单元，兰州具有传统农业产值比重低的特点，可以排除在外。从理论上表明甘肃省传统农业效益差、第二产业和第三产业效益较好，各区域产业结构层次相对比较落后，地域性上呈现出结构效益比较差的特点。

（2）从总体上各区域第二产业比较劳动生产率优于第三产业，传统农业部门的比较劳动生产率差异性最大，庆阳市、定西市、兰州市居于前列，白银次之，与区域的发展实际吻合，庆阳、定西农业就业人员较多，产值较低，比较劳动生产率低。兰州、白银为现代产业发达城市，传统农业发展不具备比较优势。

（3）第二产业除庆阳、定西之外，各区域均比较接近于1，兰州、嘉峪关、白银该产业比较劳动生产率依次领先，说明第二产业为各地区的支柱产业，与甘肃省"工业强省"战略和资源优势比较突出的特性相关。第三产业差异相对较小，兰州为0.92处于领先地位，说明各区域单位均以现代服务业为新经济增长极进行培育，第三产业整体相对于第二产业效益差，但优于传统农业。

(四)地域性的差异形成的因素

1.政策优势及市场的自发作用

政策优势及市场的自发作用在第一集团表现突出，兰州作为区域内政治、经济、文化和科教中心，是甘肃省主要的人力资源中心，信息流、物流和人流汇集于此。同时，甘肃省区域经济增长极战略为"中心带动、两翼齐飞"，中心为兰州市，两翼为酒泉市、庆阳市，此外兰州新区为国家级新区也是非常重要的利好政策。同时，市场充分发挥资本逐利而动的作用，极化效应使得经济增长极和落后区域之间产生地域性差异。

甘肃省作为国家三线建设时期重要的布点区域，政策效应对兰州、白银、金昌等区域目前的产业布局产生长期影响，全省的重工业主要集中在兰州、酒泉、白银、金昌、庆阳等资源性或中心区域。如酒泉是重要的风能基地、庆阳为长庆油田所在、白银是白银公司基地、兰州是国家级兰州新区所在之处。

同时，甘肃省最初的产业基地均位于陇海线之上，交通区位传导机制和点轴效应在产业布局中起到重要作用。交通空间的扩展，开辟了新的市场，市场促进城镇的发展与发育，城镇的密集出现为产业的空间布局奠定了基础和支撑。点轴效应和扩散效应使得经济增长极和欠发达区域间产生要素互动。

2.先天资源优势

兰州作为唯一一个黄河穿城而过的省会城市，地处河谷地带，在干旱区域地理条件相对比较优越，经济情况较好，区域资源禀赋优越，同时，基于传统的工业基地，是甘肃最重要的经济增长极，人力资源突出，创新条件具备。酒泉地处河西走廊，地域辽阔，风能、旅游资源丰富，基础设施比较完善。庆阳作为石油天然气化工基地、央企长庆油田所在地，重工业发达。嘉峪关坐拥酒钢集团公司，金昌市金川公司是国内最大的镍钴生产基地，白银公司对白银市资源型工业城市的发展起重要支撑作用。

3.经济结构

产业结构是影响区域经济增长的重要因素，特别是非农比重。从表27中分析，区域内经济最为发达的区域，非农业产业比例都高，产业结构均有高度化和重型化的特点，如兰州市非农比重为97.24%、酒泉市非农比重为87.9%，金昌、白银、嘉峪关三个区域布局代表性除外。可以看出，经济实力较强区产业结构均优于落后区域。

现有的或传统的区域经济优势对于产业的空间布局产生着重要的影响，甘肃区域中经济发达区域，其显著的共同特征就是现代产业比例非常高，产业结构层次强，呈现高度化和现代性的特点。先进产业劳动生产率高，存在空间极化的强大优势，特别是第三产业其主要影响因素为人口，经济密度的高度性会促使传统经济增长极在发展的特殊阶段吸收落后区域的资源不断流入，导致经济实力较强区域空间产业结构优于落后区域。比如兰州区域现代产业的比例高达90%以上，传统农业所占份额不到10%。产业的空间极化作用会自发产生影响，省内几个重要经济增长极总量呈扩大趋势。

九、甘肃省农业现状及优劣势分析

(一)甘肃省农业的总量发展及现状分析

1.甘肃省农业总量演变

(1)"十五"之前

新中国成立以来,在党中央、国务院的关怀扶持和历届省委、省政府的正确领导下,经过全省广大干部群众的共同努力,甘肃农业和农村经济得到了长足的发展。农业生产水平有了很大提高,农产品供给由长期短缺变为总量基本平衡,粮食生产实现了基本自给,农业综合生产能力明显增强,绝大多数农民群众基本解决温饱,人均纯收入有了较大的提高。"九五"期间的1999年,全省主要农产品总量和农村经济各指标达到了历史最高水平,农业和农村经济发展已经进入了一个新的阶段。

(2)"十五"期间

表28　2001—2005年甘肃省农业产业一览表

年份	经济总量(亿)	增长率(%)	占全省GDP比例(%)
2001	207	7.5	19.2
2002	214	5.8	18.4
2003	240	6	18.4
2004	281.4	6.5	18.05
2005	300	5.8	7.1

注:根据历年甘肃省统计公报整理

由表28可知,"十五"期间甘肃省农业产业经济增长速度相对比较稳定,占全省经济总量的比重相对比较高,这与甘肃为传统农业大省有重要的关系。

（3）"十一五"期间

表29　2006—2010年甘肃省农业产业一览表

年份	经济总量（亿）	增长率（%）	占全省GDP比例（%）
2006	333.23	5.1	14.65
2007	386.42	4	14.3
2008	462.27	7.1	14.6
2009	497.5	4.9	14.71
2010	599	5.5	14.5

注：根据历年甘肃省统计公报整理

相比较在"十一五"期间，甘肃省农业发展相对缓慢，占经济总量的比重相对比较稳定，平均增长速度达到5.32%，远低于同期整体的经济增长速度。

（4）"十二五"期间

表30　2011—2014甘肃省农业产业一览表

年份	经济总量（亿）	增长率（%）	占全省GDP比例（%）
2011	678.2	5.9	13.51
2012	780.4	6.8	13.8
2013	879.4	5.6	14
2014	900.8	5.6	13.2

注：根据历年甘肃省统计公报整理

在"十二五"期间，农业产业发展要快于"十一五"期间，但所占经济总量的份额在逐步下降，说明经济结构在优化，同时侧面反映出甘肃省农业在"十二五"期间更多地依靠科技进步和现代农业来支撑发展。

2.现状分析

（1）区域内农业整体发展迅速，产能不断增强

表31　甘肃省2007—2011年粮食总产量

年份	粮食总产量（万吨）	增产幅度（%）	夏粮（万吨）	秋粮（万吨）
2007	824.43	2.03	316.75	507.68
2008	888.5	7.77	351.3	537.2
2009	906.2	2.0	341.3	564.9
2010	958.3	5.8	330.8	627.5
2011	1014.6	5.87	319.5万	695.1

注：根据2007—2011年甘肃省国民经济和社会发展统计公报整理

如表31所示，2007—2011年甘肃整体农业发展良性。受自然等条件约束，粮食产量略有波动，符合农业生产属性。其中，夏粮的波动幅度高于秋粮，如2009年比较于2008年，2011年比较于2010年，夏粮存在减产现象，但产量内部鉴于秋粮所占份额较高，对整体产量的提升影响较小。

粮产年平均增产幅度为4.694%，尤其是2011年，粮食总产量达到1014.6万吨。根据发展经济学的观点，高度的农业剩余为其他行业的发展提供了可能，也为现代农业演进创造了必要条件。

（2）以高原蔬菜、中药材等为代表的地区特色农业增长强劲

表32　甘肃省2007—2011年代表性特色农产品

单位：万吨

年份	药材	增度（%）	蔬菜	增度（%）	水果	增度（%）
2007	40.89	10.04	999.92	7.07	228.10	11.22
2008	46.56	13.86	1082.29	8.24	248.14	8.79
2009	50.36	8.15	1145.35	5.83	277.56	11.86
2010	52.65	4.55	1235.46	7.87	299.46	7.89
2011	61.94	17.64	1320.60	6.89	330.84	10.48

注：根据2007—2011年甘肃省国民经济和社会发展统计公报整理

依表32，区域内特色农业种植继续保持增长势态，截至2012年，全省推广全膜双垄沟播面1071万亩，特色优势作物种植2750万亩，最具地域特征的陇上中药材平均增长10.848%，蔬菜产量平均增长速度为7.18%，特色水果则在这五年达到均增长10.048%。

（3）区域内作物种植面积不断扩大，呈现规模效应

表33　甘肃省2007—2011年重要农业种植面积

单位：万公顷

年份	粮食作物	棉花	油料	糖料	蔬菜
2007	268.7	7.93	30.52	0.59	34.7
2008	268.3	7.27	33.17	0.46	36.78
2009	274.0	5.57	35.19	0.45	37.16
2010	279.98	4.79	34.57	0.51	39.5
2011	283.37	4.79	35.11	0.48	41.54

注：根据2007—2011年甘肃省国民经济和社会发展统计公报整理

如表33，2007—2011年粮食种植面积稳重有进，2011年达到283.37万公

顷。棉花种植面积为4.79万公顷，与上年持平。油料种植35.11万公顷，糖料种植0.48万公顷，二者基本保持稳定的增长。特色蔬菜种植面积2011年达到41.54万公顷，比上年增加2.04万公顷，每年保持较大增长幅度。

4.作为现代农业先进载体的专业合作社数量迅速增加

截至2011年12月底，甘肃省共计农业产业化组织总数达到3705个，比较增长7.7%，龙头企业1806个，销售收入突破1亿元的实体为46个，增长幅度为12.2％。农民专业合作社的高度发展对发展现代农业，提高农业产业水平和产业组织化程度，促进区域内第二、第三产业不断升级具有极大的示范效应。

(二)甘肃省发展现代农业的积极因素

1.农业生产条件多样化

农业是受自然条件约束的产业，生产具有很强的地域性、季节性、周期性，甘肃省地处黄土、青藏和蒙古三大高原交汇地带，同时也是我国东部季风区、西北干旱区和青藏高原寒区三大自然区的交汇地带，特殊的区位条件使甘肃地理过渡性强，生态和气候类型多样，不同地区因光能、热量、风力以及大气成分等资源条件的分布结构不同，使得甘肃农业在不同地域有不同的主导方向与特色产品，这种基础性的自然条件差异使得甘肃农业在发展特色农业方面具有明显的比较优势。

2.特色农产品基地建设初见成效

西部大开发战略实施以来，甘肃特色农业快速发展，马铃薯、制种业、中药材、啤酒大麦种植面积等位居全国第一位，肉用羔羊、食用百合、酿酒葡萄、啤酒花等位居全国前五位，优质小杂粮、林果等品种也具有区域性的优势。在此基础上形成特色农产品加工基地的区域化布局：河西走廊灌区成为全国重要的商品粮、制种和高原夏菜基地；陇中、陇东旱作农业区成为重要的马铃薯、中药材、小杂粮、羊羔肉及肉牛生产基地；甘南及河西牧区是全国重要的牛羊肉和细毛羊生产基地。各地特色农业战略性主导产业的地位日益显现。

3.特色农业是国家、省上"三农"政策的重要关注点

长期以来，中央、省上一号文件多年持续关注"三农"，出台一系列惠农政策。集中体现在对特色农业、优良农作物品种的补贴、对农机具和农资综合补

贴以及农村公共服务等方面增加投入;同时对农村基础设施、农业技术、农民培训等方面持续增加投入;在政策方面以更大幅度倾斜"三农"等一系列操作性强的政策措施。西部大开发战略对特色产业的扶持,扶持特色农业是甘肃农业发展的重要支点。即将发展特色农业作为转变经济发展方式、推进现代农业建设的重要途径,甘肃特色农业必将在特色农产品品种、生产资料、农业基础设施完善等方面得到直接的资金以及技术支持。

(三)甘肃省发展现代农业的制约因素

1.农业先天禀赋约束

农业生产作为受自然条件约束明显的行业,在甘肃表现突出,鉴于地处西北内陆,整个区域干旱缺雨,水资源成为制约甘肃现代农业发展的重要因素。区域内年均降水量为300毫米左右,省内差异很大,介于42~760毫米,地域和时空分布极不均匀,降水自东南向西北递减,主要集中在6—9月。

中东部地区是全国典型的干旱农业区,水资源对陇中地区的影响最为明显,全省耕地70%以上为旱地,2010年有效灌溉率仅为30.15%,同期全国平均基准为46.23%,区域内除河西走廊地区依靠灌溉农业之外,陇中和陇东南生产均受水资源制约。

2.土地资源约束

根据甘肃国土资源厅2011年1月1日至2011年12月31日土地利用现状变更调查数据显示,甘肃土地虽广,但适合现代农业的用地较少,土地总面积为42.58万平方公里,其中农用地为2544.87万公顷,占土地总面积的59.77%。包括耕地中的水浇地及果园在内的农用地灌溉面积共148.82万公顷,土地利用率为62.15%。

耕地面积耕地465.93万公顷,占总数18.31%,可利用土地人口承载量处于超载状态,比较于全国超载850万人,相对于西北五省区超载485万人。

3.农业现代性不强,人力资本不占优势

区域内农业信息化建设滞后,整个行业呈现信息劣势与规模劣势。区域内人力资本处于劣势地位,以2010年为例,乡村人口为1628.78万,初中文化程度及以下人口为1101.4万,占乡村总人口的67.62%,高中及以上为227.9万,仅占13%。农业从业人员的文化水平低下,直接影响了现代农业的发展。在发

展经济学的理论中，传统农业被农民认为是低风险和资源配置有效率的，静态均衡为现代农业的发展带来阻力，导致产业生产率低下，2010年，区域内个人农业劳动生产值仅为3976元。

根据人力资本逐利而动的原则，区域内农业从业精英大多转移至产业收益率较高的工业和第三产业，致使现有农业生产人员质量较低，从资本角度制约了现代农业的持续发展。

4.水资源约束明显

甘肃总土地面积中难利用的土地面积超过40%，主要是山地、沙漠、戈壁和部分高原；全省耕地面积居全国第十一位，人均耕地为2.66亩，居全国第六，现有耕地中旱地占77.85%，水浇地占21.75%。水资源贫乏，且时空分布严重不均。甘肃多年平均水资源总量为584.77亿立方米，人均自产水量为1152立方米/人，仅为全国平均水平的一半。水资源总量居西北地区第四，仅高于宁夏。水资源分布极不均匀。全省有70%以上的土地面积处于半干旱区、干旱区和极端干旱区；自然降水主要集中在6—9月，与用水时间不匹配，来、用水时间矛盾突出。

5.特色农业面临科技转化的"瓶颈"约束

科学含量低，机械化运作水平不高，成为甘肃特色农业发展的羁绊。据资料显示，农业科技在甘肃经济增长中的贡献份额约占40%左右，科技成果的推广应用率为20%～30%，真正成效显著形成规模化、产业化的技术不到5%。带动生产率只相当于全国平均水平的38%。在资源利用中，农业用水占70%左右，但农业水的利用率仅为30%～40%，机械化对农业生产的贡献率仅为13%左右。科技的缺乏，制约甘肃特色农业的规模化、产业化和现代化发展。

6.农业生态环境劣势明显

甘肃大部分地区处于半干旱、干旱荒漠地带。水土流失严重、土壤盐碱化、荒漠化、草场退化等问题比较突出，农业灾害频繁：中部黄土高原区是我国水土流失最严重的地区之一；陇南山地山大沟深，雨季常暴发山洪和泥石流；甘南高原高寒阴湿，低温、冰雹常威胁着农业生产；河西地区是全省极干旱地区，风大沙多，极易造成土地沙化及严重的沙尘暴，农业生态环境的日益恶化成为甘肃农业发展的重要障碍因素。

7.农业产业融资渠道狭窄

甘肃农业基础差、底子薄，抵御各种风险的能力非常有限，政府财政资金短缺，群众生活困难，对农业的投入有限。加之金融危机的负面影响，单个农户以及农业企业的融资困难进一步加大。尽管各级政府和广大群众加大投入、加快发展的愿望强烈，但目前农村信用制度难以激励农民的投资欲望，不完善的农业支持保护制度无法满足农业和农民市场化需要，制约农业综合生产能力的提高。

8.农产品销售市场领地狭小

在市场日益细分、农产品供给相对充足的条件下，甘肃省多数农产品总量过剩，且缺乏质量、特色、品牌，农产品的品质矛盾突出；同时，甘肃农产品受到周边省区同类产品的市场挤压，甘肃省内以及与周边省份的农产品生产重复率高，医药、果蔬、畜产品等受到陕西、内蒙古以及新疆同类产品的市场挤压，难以在市场上形成竞争优势，大部分农产品销售领地小，销路狭窄。

十、甘肃省工业产业的历史及现状分析

甘肃工业经济发展大体经历了三个历史阶段，在20世纪50年代，我国实行了重工业优先发展的工业化战略，甘肃也在这一时期分设了一些重工业项目，形成了甘肃工业的基本布局。60年代东部沿海地区企业内迁，建成了一批骨干企业，使得甘肃工业具备了进一步发展的基础。改革开放后，工业经济进入一个新的发展时期，但国家建设重点集中于东部地区，因而后续资金投入不足，没有延长产业链，未改变以粗加工为主体的工业行业现状，因而与东部地区形成了一定的差距。从工业结构和所有制来看，甘肃工业长期以重工业为主，而重工业中又以能源原材料为主。

(一)甘肃省工业产业的历史演进

工业化是发展中国家和经济欠发达地区实现现代化的基础和核心。世界上众多国家尤其是发达国家的经济发展历程表明，现代化过程实质上就是要实现由传统农业社会向现代社会转变进而向信息社会转变的过程。一个国家或地区在实现现代化的过程中，必须首先实现工业化。

1.新中国成立初期

1949年新中国成立以后，我国才在真正意义上开始自己的工业化发展道路，并在较短时间内初步建立了比较完备的国民经济工业体系。直到1978年改革开放以后，我国才在真正意义上开始经济的快速发展之路，我国工业化推进步伐开始明显加快。但是甘肃工业化水平依然处于较低水平，工业化发展中也存在着许多问题。

甘肃是我国的老工业基地，是我国石油化学工业、航空航天工业、核工业的摇篮和有色冶金工业基地，在计划经济时期，曾为共和国的建设做出过重大贡献。从甘肃工业发展过程看，甘肃工业经济基本是按照国家的产业布局，依托甘肃的资源优势发展起来的，大体上经历了三个重要的历史时期。

"一五"期间，全国156项重点建设项目在甘肃摆布了16项，形成了兰州化学工业公司、兰州炼油化工总厂、兰州石油化工机器厂、白银有色金属公司、兰州飞控仪器总厂、万里机电厂、长风机器厂等一批重点骨干企业，奠定了甘肃工业的基础。"三五""四五"时期，东部沿海企业内迁和"三线"建设，在精密仪器、机械电子、航空航天、冶炼加工、轻工纺织等行业相继建成了一批重点骨干企业，初步构成了甘肃工业的基本框架。"六五"以来，随着改革开放的不断深入，甘肃工业进入了一个新的发展时期，能源、原材料、交通、邮电、通信等基础产业迅速发展，城乡集体工业异军突起，形成了以电力、煤炭、有色金属、石油化工、机械电子、轻工纺织、食品医药、建筑材料等比较健全的工业体系，成为我国西部重要的工业核心区和能源原材料基地。

2.改革开放时期

改革开放以来，甘肃工业进入了一个新的发展时期。能源、原材料以及交通运输等基础产业迅速发展，城乡集体工业和非公有制工业得到发展，基本形成了以电力、煤炭、冶金有色、石油化工、机械、电子、轻纺、医药、建材为主的工业体系，成为我国西部重要的工业核心区和能源原材料工业基地。从布局来看，基本上是以陇海—兰新线为轴心，以兰州、天水、白银、金昌、嘉峪关等大中型城市为增长极向周围辐射扩散，形成了以兰州、白银等大中型城市为主体的中部经济区、天水陇南经济区和河西走廊经济区三大具有一定规模的经济区。

就数据统计，甘肃工业总产值指数在1978—1998年间，最低年份为1981年，是上一年的93.31%，最高年份为1994年，是上一年的115.38%。同期，全国工业总产值指数，最低年份是1981年，是上一年的104.29%，最高年份是1993年，是上一年的127.3%。就全省不同年份工业总产值增长速度比，1953—1978年平均为14.5%，而1978—1997年平均为9.04%，后期较前期低6.46个百分点。因此，无论从横向比，还是纵向比，甘肃工业总产值年均增长率都比较低。

3."十五"期间

甘肃省委、省政府坚持以科学发展观为指导，不断深化对甘肃工业阶段性特征的认识。2002年，省委、省政府以西部大开发为契机，做出了"工业强省"的战略决策，再一次明确了工业引领全省国民经济实现跨越式发展的历史地位。全省紧紧抓住西部大开发历史机遇，开拓进取，扎实工作，大力实施工业强省战略，工业发展取得明显成效，速度效益大幅提升，工业结构逐步优化，经济实力显著增强，主导地位日益突出，实施工业强省的五年是甘肃历史上工业发展最好、最快的五年。如下表所示：

表34 2001—2005年甘肃省工业产业一览表

年份	经济总量(亿)	增长率(%)	占全省GDP比例(%)
2001	481	10.1	44.8
2002	530	10.8	45.7
2003	607.62	12.2	46.7
2004	758.18	12.6	48.63
2005	836.55	12.9	51.4

4."十一五"期间

甘肃坚持实施工业强省战略，努力克服金融危机造成的不利影响，积极调整产业结构，改造提升石油化工、有色冶金等传统优势产业，振兴装备制造业，大力发展农产品加工、医药等特色优势产业，培育发展新材料、新能源等新兴产业，主要工业产品生产能力成倍增长，企业技术水平大幅度提高，创新能力不断增强，节能减排任务顺利完成，工业经济保持快速发展势头，有力地支撑了全省经济稳步发展。

甘肃省工业增加值年均增长13.5%，顺利实现了规划目标。2010年，全省工业增加值达到1602.87亿元，占生产总值的比重达到38.9%，比2005年提高了3.4个百分点。5年累计工业投资总额达到3573亿元，年均增长31%。规模以上工业企业实现利润总额达到216.3亿元，年均增长29.5%。主要产品产量大幅增长，原油产量达到382.1万吨、原油加工量达到1383.5万吨、乙烯达到69.5万吨、钢材产量达到699.2万吨、10种有色金属产量达到191.5万吨、水泥达到2414万吨。

表35 2006—2010年甘肃省工业产业一览表

年份	经济总量(亿)	增长率(%)	占全省GDP比例(%)
2006	1048.19	14.8	46.07
2007	1282.22	16.8	47.5
2008	1471.43	8.4	46.3
2009	1510.98	10.4	44.67
2010	1984.97	15.3	48.2

5.“十二五”期间

甘肃工业发展水平和质量大幅提高，传统产业改造升级、战略性新兴产业培育发展、承接产业转移取得较大进展，发展方式加快转变，产业结构进一步优化，产业布局趋于合理，科技创新能力逐步提升，产业竞争力明显增强，循环经济发展整体推进，落后产能全部淘汰，节能减排任务顺利完成。

表36　2011—2014年甘肃省工业产业一览表

年份	经济总量(亿)	增长率(%)	占全省GDP比例(%)
2011	2524.3	15.2	50.28
2012	2600.6	14.2	46
2013	2821	11.5	45
2014	2924.86	9.2	42.8

以2014年统计公报数据显示，甘肃2014年完成全部工业增加值2263.2亿元，比上年增长8.7%。规模以上工业企业完成工业增加值2070.0亿元，比上年增长8.4%。规模以上工业企业产品销售率为94.3%，比上年提高0.8个百分点。

轻工业完成增加值328.1亿元，比上年增长8.1%；重工业完成增加值1741.9亿元，比上年增长8.5%。非公有制企业完成工业增加值458.2亿元，比上年增长13.7%，占全省规模以上工业增加值的22.1%。高技术产业完成工业增加值52.0亿元，比上年增长15.6%，占全省规模以上工业增加值的2.5%。

石化、有色、食品、电力、冶金、机械和煤炭等重点支柱行业完成工业增加值1821.1亿元，比上年增长8.3%，占规模以上工业的88.0%；实现利润182.3亿元，下降19.9%，占规模以上工业的78.2%。

(二)发达区域的工业发展规律

1.美国

美国的工业革命开始于棉纺织业，逐渐扩展到其他轻工业以及钢铁、煤炭等传统工业。

在1860年以前，在美国工业中，也是轻纺工业占主要地位，纺织、食品、木材制品等劳动密集型行业，在工业所占产值份额较大，但南北战争爆发之后，重工业发展便快于轻纺工业。如1860—1913年间，棉纺织业增长约6倍，而钢铁、煤炭等生产增长几十倍。

到 19 世纪末和 20 世纪初，电子器材、化学工业、汽车工业等则迅速发展起来。到 1900 年时，轻纺工业的产值仍然超过重工业，二者产值之比为 1.5∶1。但是，钢铁、机械制造和化学工业的迅速发展，促进了国民经济技术装备水平的提高和交通运输、基础设施事业的发展。

从 20 世纪开始之后，在工业总产值中，轻工业中的纺织、食品、造纸、印刷等工业所占比重在逐步降低，而重工业中的金属制品、非金属制品以及化工、石油制品所占比重则逐步上升。

至 20 世纪 50 年代到 60 年代，后者已大大超过轻工业中所有行业。二战后，美国把钢铁、汽车、建筑、机电产品作为工业发展的支柱，也就是重点发展资本密集型产业。

70 年代以来，美国大力发展高新技术的新兴工业部门，包括发展更为先进的航空航天工业、大规模集成电路、新型电子计算机、新材料、新能源等部门，以及生物工程、激光技术、光导通信等新技术群，资本密集部门的领先地位逐渐为高新技术部门所取代，使美国的工业结构日益走向高级化。

2. 日本

日本于 19 世纪 60 年代明治维新之后，开始工业革命，最初多是用欧美技术装备搞工厂，除棉纺织业外，办了一些国防科技工业和金、银、铜等金属工业以及煤矿，但其主要部分是棉纺织业。

进入 20 世纪之后，日本的重工业虽有重大发展，但直到一战前，轻工业仍占优势。此后，随着日本积极准备发动侵略战争，它的国防科技工业及与其有关的重工业得到迅速发展。

在二战后的恢复时期，重点抓了农业和轻工业，使农业、轻工业和农业机械工业的发展快于重化学工业。但从 20 世纪 50 年代中期以后，直到 70 年代，产业结构转向以重化学工业为发展重心的方向上来。

从 70 年代开始，产业结构又转而向知识技术密集型的发展方向。具体包括四个方面：

（1）研究开发工业，如电子计算机、飞机、电气机车、产业机械手、原子能、精密化学、海洋开发等。

（2）高级装配工业，如数控机床、防止公害机械、工业生产住宅、自动仓库、高级成套设备等。

（3）时兴型工业，包括高级服装、高级家具、电器音响器具等。

（4）知识产业，如信息处理服务、信息提供服务、系统工程、咨询服务等。

在日本，如以制造业务行业的产值增长率排列名次，1970—1975 年，排在前 5 位的是石油和煤炭加工，食品，运输机械，造纸、印刷和出版，窑业。
1975—1980 年，排在前 5 位的是电器机械，精密机器，石油和煤炭加工，钢铁
和有色金属，造纸、印刷和出版。1980 — 1985 年，排在前 5 位的则变为电气
机械、运输机械、普通机械、精密机械、金属加工。在此期间，钢铁、有色金
属、石油和煤炭加工、食品工业等已排在 10 名以后。上述情况也说明了日本工
业向知识技术集约化转移的一般趋势。

3.我国的工业发展规律

我国的工业进程一般分为四个阶段，呈现不断升级、不断向高度化演变的
特点，其具体演进过程为：轻工业—重工业化—高加工度化—技术集约化。

国际上工业产业结构升级的道路基本有两种模式：一种是平稳渐进模式，
另一种是倾斜突进模式。早期工业化国家基本属于第一种模式，代表着工业结
构演变的一般规律，主导产业沿着农业—轻纺工业—基础工业—以装备工业为
主的重加工组装工业—高新技术产业渐进，对应的工业结构演变的一般规律
是：轻纺工业化—重化工业化—高加工度化—技术集约化。也就是工业结构变
动，一般是从轻工业起步，随着工业化的进行，开始向以基础工业为主的重工
业转移，进入原料工业和燃料动力工业为重心的发展阶段——"重化工业化"
趋势；然后在基础工业发展的基础上，无论是轻工业还是重工业，都会出现由
原材料工业为重心向加工、组装为重心的方向发展的趋势——"高加工度化"
趋势，这意味着工业加工程度不断深化，产品附加值不断提高，加工组装工业
发展速度快于原材料，进而对自然资源、能源的依赖度下降；从资源利用的角
度看，产业结构由劳动密集型产业为重心逐步向资本密集型产业为重心再向知
识技术密集型产业为重心的方向发展，这一趋势称为"技术集约化"，这意味着
劳动力、资本、技术等资源要素在经济活动中的地位和作用将随着工业化发展
而发生变化。工业结构演变的规律反映了生产力发展规律，也反映了人类消费
需求变化的一般规律，这是不可逾越的。人首先要生存，民以"食"为天，要
求发展农业，接着就是"穿"，发展轻纺，衣食满足了，就得解决住、行、用问
题，还得满足安全的需要，这就需要发展建筑、汽车、家电、基础设施、国防
等。但是，既然时间不是停留在刀耕火种的年代，那么所有这些产业的发展也
都离不开燃料、动力及原材料等基础工业，也离不开工具——机器装备。可
见，随着技术的进步、生产力的发展、消费需求的转变，工业的主导产业由轻
纺工业—基础工业—以装备工业为主的重加工组装工业—高新技术产业进行演
变，具有内在的必然性。

(三)甘肃省工业产业的现状分析

1.传统工业积淀较好

甘肃作为西北老工业基地，工业产业在地区经济总量中占有重要地位。根据表37所示，以2012数据版面为例，在西北五省中做对比分析，甘肃工业增幅仅次于陕西省，规模以上企业增加值指标显示增长速度较快。根据张培刚教授基要生产函数选择，考虑到工业对国民经济的支配性贡献，选择现代工业作为甘肃区域经济增长的基要生产函数，带动传统农业和现代服务业的产业演进比较符合甘肃省的资源禀赋状况。

表37　西北五省2012年工业运行情况

单位：亿元

省份	GDP	增幅(%)	工业增加值	增幅(%)	规模以上增加值	增幅(%)
陕西	14451.18	12.9	6847.41	15.7	6641.54	16.6
甘肃	5650.2	12.6	2074.24	14.5	1931.37	14.6
宁夏	2326.64	11.5	878.64	13.5	818.24	14
青海	1884.54	12.3	1091.98	14.1	897.16	15
新疆	7530.32	12	2929.9	12.7	2804	12.7

注：根据2012年甘肃、陕西、宁夏、新疆、青海国民经济和社会发展统计公报整理

2.甘肃省工业化进程的综合判断

想要更好地发展工业，首先要判断甘肃工业处于何种变化程度，处于哪个阶段，这对于甘肃省新型工业化道路的建设显得意义非常。根据表38和霍夫曼系数计算原理来测算甘肃省霍夫曼系数，从2008年至2012年依次分别为15.22、17.53、16.4、14.3、16.8，五年的均值为16.05，可以认定为工业化中期。

表38　甘肃省2008—2012年工业运行情况

单位：亿元

年份	工业增加值	增幅(%)	轻工业	增幅(%)	重工业	增幅(%)
2008	1188.78	9.5	149.93	14.2	985.24	8.8
2009	1203.75	9.9	169.62	9	967.09	10.9
2010	1602.87	15.8	193.99	19.9	1182.35	16
2011	1923.95	16.3	224.1	21.9	1558.74	15.4
2012	2074.24	14.5	278.75	18.8	1652.62	14

注：根据近五年甘肃省国民经济和社会发展统计公报整理

3.工业行业内部结构性矛盾存在

从总体分析来看，甘肃工业表现出传统基础工业比重大，新兴工业发展缓慢的特征。以2012年为例，甘肃工业内部石化、有色、电力、冶金、食品、煤炭和装备制造业等传统支柱性产业完成工业增加值1755.42亿元，比上年增长13.34%，占规模以上工业的90.89%。实现利润226.51亿元，增长4.96%，占规模以上工业的87.39%。

比较分析现代性较强的成品加工业、轻纺工业、食品工业、电子工业及家电工业等行业所占比重相对较低。整体工业产业结构仍然处于一个初级阶段，区域内轻、重工业比例失调，代表创新因素的高新技术产业不断发展。

4.甘肃省循环经济发展较好

从2009年12月24日，国务院正式批复了《甘肃省循环经济总体规划》以来，甘肃省政府层面宏观意义上将建设循环型农业、循环型工业和循环型社会三大体系，确定为区域经济发展的重要导向。

以全国循环经济试点省份为助推力，大力发展区域内16条循环经济产业链，实施72类循环经济重点项目，形成7大循环经济基地，甘肃省循环经济表现出良好的发展势态，新型工业化道路有了部分基础。

以工业用水为例，2012年度区域整体工业用水总量为15.69亿立方米，重复利用率达到76.1%，节约水资源1.658亿立方米。甘肃省万元工业增加值用水量从2011年84立方米减少为76.1立方米，下降比例为9.5%。两年间，区域内实现节约水资源2.79亿立方米，万元工业增加值耗水下降15%。

（四）甘肃省工业的优劣势分析

1.优势分析

甘肃有色和黑色金属矿产资源比较优势突出；特色农副产业资源丰富；石化、有色、冶金等产业大都具有产业链条长的特征，深加工空间广阔；石化、有色、冶金、医药、装备制造产业核心企业的技术、装备水平属国内、国际领先水平；兰州商贸、物流中心的建立和巩固使产业的流转渠道更为顺畅。

原油加工量、乙烯及十种有色金属等主要产品在全国占有重要地位；农产品加工、中医药及装备制造等具有一定基础和优势。乙烯、有色金属产量均占到全国产量的7%左右，铜占9.69%，镍占90%左右；马铃薯、啤酒大麦等特色农产品产量均居全国第一，中药材中当归占全国产量的95%。

省内矿产资源有较大潜力。甘肃是我国的资源大省，具有较大的资源优势。镍、钴、硒矿及铸型用黏土已查明资源储量，名列全国第一。铬、碲等15种矿产居第二到第五位，铜、镁等49种居前十位。

资金密集型重化工业发展面临强劲的国内需求。重化工业增长的驱动力主要是以下两个方面：一是城市化进程加快，导致对城市基础设施建设高涨，引致钢铁、水泥、石油化工、建筑机械等重化工业的强劲需求；二是人均收入提高后消费升级对汽车、住房的需求，同样引致对重化工业的强劲需求。开放条件下的技术创新机遇。国家以提高自主创新能力为中心环节，加快推进产业结构调整和升级，有利于甘肃转变增长方式，改造提升能源、原材料工业等传统支柱产业，加快特色优势产业发展，走新型工业化道路。甘肃可利用开放条件下技术创新的"溢出效应"。

2.劣势分析

工业经济总量小。甘肃工业尽管纵向发展较快，但横向相对滞后，从工业总量看，1978年甘肃工业总量从占全国工业的2.2%下降到0.95%。甘肃工业还必须有一个量的扩张才能带动全省经济发展，完成工业强省的目标。

工业产业结构不合理。一是甘肃工业发展是依托资源开发起步，主要涉及石化、有色、冶金等原材料工业，目前发展仍以传统工业为主，呈现明显的重工业型特点。消费品工业特别是以农产品为原料的轻工业增长缓慢，从而对农村城镇建设的带动作用弱，影响了工业结构的升级。二是中小企业占工业经济的比重小，工业发展的活力弱。中小企业是市场经济中最活跃的主体，甘肃省中小企业比重小，在一定程度上影响了产业发展活力。

在工业所有制构成方面，甘肃工业是以国有及国有控股企业为主体的结构特征，而东部经济发达地区的工业所有制结构是以非国有及国有控股企业为主体，我省国有及国有控股企业所占比重很高，集体企业、股份制企业、特别是外商投资企业和港澳台商投资企业所占比重很低。这严重制约着甘肃工业市场经济体制和运行机制的健全和完善，也是甘肃工业发展缓慢的重要原因之一。

在工业企业组织结构方面，甘肃的大、中、小企业规模，和全国同类企业相比要小得多，这就使甘肃工业企业难以充分发挥规模效应。同时，在甘肃小型企业中以开发资源的"五小"企业占有很大比重，技术落后，浪费资源，污染环境，市场稍有变化，就面临着停产歇业的危险。

在轻重工业构成方面，甘肃在全部国有及限额以上工业企业总产值中，是以原材料工业产品产值为主的结构，最终产品均为粗放型初级产品，深加工的广度和深度差，产业链条短，矿产资源优势没有完全转换为产业优势。虽然甘肃也有质量好、档次较高的产品，但规模小、成本高，难以适应市场的竞争。

工业产品结构主要仍为初级产品、低档产品，基础原材料多，高技术含量、高附加值、深加工产品少。2010年，甘肃省工业增加值居前6位的部门是石油加工、炼焦及核燃料加工业等。这六个部门的工业增加值占甘肃省规模以上工业的3/4以上。经济增长过度依赖能源、原材料工业是计划经济体制下重工业优先发展战略和国家生产力布局所形成的甘肃优势的延续，表现出很强的"路径依赖"。这种"路径依赖"促进了近年来的经济增长，但也带来了资源约束和环境问题，面临着严峻的挑战。

甘肃工业总量占全国的比重由1978年的2.16%，下降到2000年的0.82%，到2008年为0.95%。这表明，随着周边省区在激烈竞争中纷纷崛起，甘肃工业位势渐行渐低，产业竞争力渐行渐弱，传统产业的优势逐渐丧失。

近年来甘肃工业虽然依靠投资拉动保持了一定的增长速度，但经济效益逐年下滑的趋势未能得到遏制，究其原因，一是项目多头审批的问题严重，带来的后果是低水平重复建设和地区间产业的雷同。

(五)甘肃省制约新型工业化道路发展的因素分析

1.现代工业发展中经济增长方式传统性突出

虽然现代工业发展较快，但经济增长方式传统性突出，经济增长主要依靠资源、能源、原材料的大量投入来推动。区域内的支柱型产业多具有高能耗属性，以统计局2011年份省区市万元地区GDP能耗统计公报显示，甘肃省区域内该指标为1.402，充分体现出生产成本高的特性。

此外，伴随区域工业化、城市化道路的不断深入，区域内整体能源消费需求不断增加。在2011年度，甘肃区域内能源消费总量5481.6万吨标准煤，三年能源消费平均增长5.96%。

发展新型工业化，降低对传统资源的依托，是扭转甘肃工业经济效益低下的现实要求，不断用现代高新技术改造传统工业，提高区域内工业经济发展内涵，推进工业不断提升，用先进的信息化技术改变产业增长方式，静态的生产局面。

2.传统工业生产方式所带来的社会成本不断增加

相比较于现代工业增长方式，区域内传统工业生产所带来的社会成本不断增加，污染土地、水资源等现象不断出现。以2011年为例，全省工业固体废物达4036.65万吨，比2010年度增长7%。甘肃省废水排放达5.92亿吨，其中工业废水排放1.97亿吨，占总量的33.28%，废气排放量电力和冶金工业居首。在2011年度，甘肃工业废气排放12893.93亿标准立方米，二氧化硫53.35万吨，烟尘排放18.70万吨，传统的生产方式带来了诸多负面影响，只有走新型工业化道路才能实现区域工业的可持续发展。

3.工业内部轻重工业比例失调

由于历史原因和区域内的资源状况制约等因素的影响，目前甘肃工业结构重工业化程度明显，基于市场运行的加工工业等产业发展落后。重工业整体弹性小，结构呈刚性，致使区域内工业结构调整和升级的调整难度不断加大。此外，重工业的行业特性会抑制区域内整体工业生产率水平的上升，重点发展轻工业，不断进行结构调整是甘肃发展新型工业化道路的当务之急。

鉴于甘肃目前工业结构以重工业为主，传统的石化、有色冶金、装备制造等占有相当比重，可考虑在传统产业领域承接发达地区机械、家电、汽车等装备制造产业，逐步促进工业产业单一化向多元化发展，助推区域内资源优势转化为产业优势。

十一、甘肃省第三产业的历史及现状分析

(一)甘肃省现代服务业的发展现状

1.发展历史

(1)2000年之前

改革开放以来,我省国民经济和社会事业得到快速发展。经济的快速发展和人民生活水平的迅速提高,使第三产业发展的市场需求日益扩大,也为第三产业发展提供了良好的发展基础。伴随着人们重积累轻消费、重生产轻流通、重产品轻服务的传统观念的转变,第三产业进入了一个新的发展时期,增长速度加快,结构趋向合理,经济和社会效益明显提高。

1978—2000年第三产业增加值年均增长12.9%,远远高于国内生产总值年均增长8.8%的速度。第三产业占国内生产总值的比重,由1978年的19.3%上升到2000的35.61%,超过了国内生产总值的三分之一。

(2)"十五"期间

"十五"期间,甘肃国民经济和社会发展进入一个重要历史时期。伴随改革开放和现代化建设稳步推进,社会主义市场经济体制进一步完善,西部大开发战略全面推进,第三步战略部署实施。

由表39可知,2001—2005年甘肃省第三产业不断发展,经济总量2005年为2001年的2.05倍,年平均增长率达10.44%。

表39 2001年—2005年甘肃省第三产业一览表

年份	经济总量(亿)	增长率(%)	占全省GDP比例(%)
2001	385	9.4	35.9
2002	417	9.6	35.9
2003	453.44	9.4	34.9
2004	519.35	11	33.3
2005	791.59	12.8	41.5

注:根据甘肃省统计公报自行整理

（3）"十一五"期间

根据"十五"期间甘肃省第三产业发展较为落后，发展参差不齐等现状，我省在第三产业发展重点和次序上做了调整，加快了基础性第三产业发展，为经济发展和西部大开发创造条件。如交通运输业、邮电通信业。加快发展旅游业、商贸流通业、金融保险业和科技教育，积极发展信息咨询等新兴服务业。

由表40可知，2006—2010年甘肃省第三产业不断发展，经济总量2010年为2006年的1.72倍，年平均增长率达10.9%，高于"十五"期间的年平均增长率10.44%。

表40 2006—2010年甘肃省第三产业一览表

年份	经济总量(亿)	增长率(%)	占全省GDP比例(%)
2006	893.58	10.2	39.28
2007	1030.56	10	38.2
2008	1242.41	13.2	39.1
2009	1373.87	11.3	40.62
2010	1535.49	9.8	37.3

注：根据甘肃省统计公报自行整理

（4）"十二五"期间

"十二五"时期是甘肃推进经济社会跨越发展的重要时期，为加快经济结构战略性调整，促进服务业繁荣发展，提高人民生活质量。甘肃以加快服务业发展作为产业结构优化升级的战略重点，大力发展生产性服务业和生活性服务业，改造提升传统服务业，突出发展现代服务业，积极营造有利于服务业发展的政策和体制环境，提高服务业比重和水平，增强服务功能，全面提升产业核心竞争力。

由表41可知，2011—2014年甘肃省第三产业不断发展，经济总量2014年为2010年的1.66倍，年平均增长率达11.25%，高于十一五期间的年平均增长率10.9%。同时，在2014年第三产业超过第二产业在甘肃省GDP的贡献值中处于第一水平。

表41　2011—2014年甘肃省第三产业一览表

年份	经济总量(亿)	增长率(%)	占全省GDP比例(%)
2011	1817.5	11.5	36.21
2012	2269.2	12.5	40.2
2013	2567.6	11.5	45
2014	3009.61	9.5	44

注：根据甘肃省统计公报自行整理

此外，根据2014甘肃统计公报显示，从第三产业内部结构看，商贸流通、交通运输、邮电通信、科教文卫等传统行业继续保持较快的增幅，金融保险、旅游、信息、广告、咨询、房地产等新兴第三产业迅速发展，各类为人民生活服务的行业越来越多地出现在城市和乡村，初步形成了门类齐全、多种经济成分并存、充满生机和活力的产业群体。

2.第三产业与甘肃省区域经济总量的关系

表42　1991—2009年甘肃省GDP和第三产业产值一览表

年份	甘肃省GDP(亿元)	第三产业产值(亿元)
1991	271.39	92.93
1992	317.79	114.93
1993	372.24	124.48
1994	453.6079	151.07
1995	557.7636	190.28
1996	722.5207	222.42
1997	793.5691	265.58
1998	887.6744	311.48
1999	956.3229	354.42
2000	1052.88	437.13
2001	1125.373	459.34
2002	1232.03	514.83
2003	1399.834	589.91
2004	1688.491	692.09
2005	1933.98	791.59

续表

年份	甘肃省GDP(亿元)	第三产业产值(亿元)
2006	2277.35	894.00
2007	2703.98	1030.56
2008	3166.82	1242.41
2009	3387.56	1373.87
2010		1535.49
2011		1817.5
2012		2269.2
2013		2567.6
2014		3009.61

注：根据甘肃省统计公报自行整理

由表42可以看出，甘肃省第三产业与甘肃省区域经济总量质量呈正相关关系，并且随着经济的不断深入发展，第三产业对区域经济总量的贡献率在加速变化，在2014年甘肃省第三产业产值超过第二产业，对区域经济总量的贡献上升到首要位置。

2.政策优势明显

国务院总理李克强在出席第二届京交会暨全球服务论坛北京峰会上指出，大力发展服务业，既是当前稳增长、保就业的重要举措，也是调整优化结构、打造中国经济升级版的战略选择。

甘肃省委省政府高度重视甘肃现代服务业的发展，出台了一系列的相关政策措施，推动现代服务业的发展。尤其2012年王三运书记提出"西部地区要大力发展特色优势产业，重点发展现代能源、资源加工、装备制造、战略性新兴产业和现代服务业，我们要按照国家明确支持的产业导向，重点发展优势产业、新兴产业、富民产业"。要大力发展金融，重点是要筹措发展资金。突出创新驱动，把科教优势发挥好。

刘伟平省长提出"在三产上，要大力发展生产性服务业和生活性服务业，尤其要做好申报创建全国华夏文明保护、传承和创新示范区及西部物流集散基地的各项工作，打造政策性平台，推进三产发展提速、比重提高、水平提升"。

总之，大力发展服务业，将成为我省"十二五"期间的一项重要工作内容。2012年12月5日，记者从省政府办公厅获悉，我省新出台的《"十二五"服务业发展规划》（以下简称《规划》）明确，到2015年，我省服务业增加值达2940亿元，年均增长14%以上，高于地区生产总值增长速度。《规划》还将兰州作为发展服务业的重点地区，全力打造成现代服务业的核心增长极。

3.现代服务业快速发展

以旅游业和金融业为亮点的现代服务业和新兴服务业快速发展。近年来，依托文化和自然旅游资源优势，我省旅游业日益火爆，服务业点多面广，形式灵活，成为城乡就业的主要渠道。由于工业不断升级改造，吸纳劳动力的空间逐步萎缩，而服务业逐渐替代工业成为解决就业的主要渠道。以2011—2014年数据说明：

（1）2011年第三产业增加值为1817.5亿元，增长11.5%，其中批发和零售贸易业增加值为325.6亿元，增长13.3%，金融保险业增加值为114.8亿元，增长8.2%，房地产业增加值为124.2亿元，增长5.3%。

（2）2012年第三产业增加值为2269.2亿元，增长12.5%，其中批发和零售贸易业增加值为398.6亿元，增长10.4%，金融保险业增加值为184.4亿元，增长24.2%，房地产业增加值为146.3亿元，增长6.5%。

在2012全年国内旅游人数7824.26万人次，比上年增长34.29%；国内旅游收入469.65亿元，增长41.22%。全年境外入境旅游人数10.20万人次，比上年增长12.02%。其中，外国人6.69万人次，增长22.39%；港澳台同胞3.51万人次，下降3.57%。全年国际旅游外汇收入2235万美元，比上年增长28.47%。

（3）2013年，第三产业增加值为2567.6亿元，增长11.5%，其中批发和零售贸易业增加值为440.3亿元，增长7.7%，金融业增加值为234.2亿元，增长24.8%。文化产业实现增加值为105.8亿元，比上年增长35.6%，占生产总值的1.7%。

全年接待国内游客10068.4万人次，比上年增长28.68%；创收618.9亿元，增长31.77%。接待入境游客9.77万人次，比上年下降4.18%。其中，外国人6.25万人次，下降6.59%；港澳台同胞3.52万人次，增长0.28%。全年国际旅游外汇收入2039万美元，比上年下降8.77%。

（4）2014年第三产业增加值为3009.61亿元，增长9.5%，其中批发和零售贸易业增加值为482.65亿元，增长7.8%，金融业增加值为355.81亿元，增长19.5%，第三产业增加值比重为44.0%。文化产业实现增加值为132.91亿元，比上年增长25.65%，占生产总值的1.94%。

全年接待国内外游客12660.2万人次，比上年增长25.6%。其中，接待国内游客12655.3万人次，增长25.7%；创收779.6亿元，增长26.0%；接待外国游客2.9万人次，下降53.9%。全年国际旅游外汇收入1017万美元，下降50%。

从第三产业行业结构来看，传统服务业比重高，如交通运输、仓储及邮政业服务业；从市场结构来看，服务业中民营服务企业、外资服务企业比重较低，且较多集中于传统服务业。多元化的服务业市场竞争主体尚未形成，服务业市场机制有待完善。

从城乡结构来看，城市服务业发展较快，农村和偏远落后地区服务业发展较慢，服务业发展存在逐步消除城乡壁垒。卫生、社会保障和社会福利业占服务业比重4.65%，占GDP比重1.79%，发展缓慢，滞后于经济的发展。

(二)甘肃省现代服务业发展存在问题

1.现代服务业增长较缓慢，后发优势不强

西北五省做对比分析，2012年青海省全年接待国内外游客1581.48万人次，比上年增长12.0%，旅游总收入123.75亿元，增长34.1%，其中国内旅游收入122.16亿元，增长34.9%。2012年，青海省年末全省金融机构人民币各项存款余额为3528.41亿元，比年初增加702.58亿元，同比多增加196.26亿元，同比增长24.9%。2012年，青海省全年邮电业务总量达56.93亿元，比上年增长18.8%。其中，邮政业务量2.53亿元，增长13.8%；电信业务量54.40亿元，增长19.0%。

2.内部结构不合理

现代服务业总量仍主要集中在商贸流通业、房地产等行业，高层次的知识、技术型服务业包括现代中介咨询、物流等领域相对狭窄且发展不快。这种层次结构在一定程度上制约了现代化服务业的快速发展。同时，运用现代经营方式、现代技术和管理手段，对传统服务业的改造、提升力度不大；医疗、卫生、体育等行业的产业化步伐不快，服务管理和市场化水平有待提高。

3.整个区域内服务业产值分布空间不均衡

现代服务业发育不足，也是省会城市兰州的服务中心地位和辐射功能不足的重要根源之一，主要原因在于市场化程度不高。

十二、新兴产业的分析

（一）文化产业

进入 21 世纪，文化产业被世界公认为是"朝阳产业"，成为许多国家推动经济增长的新亮点以及重要的支柱性产业之一。甘肃拥有悠久的历史，中国标志性文化之华夏文化就发源于此，因此，甘肃的历史文化资源相当丰富，并且被称为是民族文化的宝库。2010 年，国务院《关于进一步支持甘肃经济社会发展的若干意见》中提出要把甘肃建成文化大省。2013 年，甘肃成功获得了建设华夏文明传承创新区的重任，这是由国家赋予甘肃的一项关乎中华文化传承的历史性重任，同时，将为进一步促进甘肃发展文化产业并早日实现文化大省的建设目标营造有利的条件。目前甘肃正处于经济转型时期，其产业结构调整以及经济发展也迫切需要文化产业的发展来推动。

1.甘肃省文化产业概况及甘肃省目前推行政策

（1）甘肃历史悠久，文化源远流长，是华夏文明的发祥地之一，千百年来东西方文化的交流融合，形成了具有地域特色的敦煌文化、丝绸之路文化、黄河文化和伏羲文化、民族和民间民俗文化、戏剧舞台艺术等文化品牌。

目前，建立了非物质文化遗产保护国家级、省市级、县级名录体系，建成了文溯阁《四库全书》藏书馆、省博物馆新展览大楼等一批重点文化基础设施，推出了《大梦敦煌》《敦煌韵》等一批舞台艺术精品工程和精品剧目，形成了兰州黄河风情文化周、天水伏羲文化旅游节、平凉崆峒文化旅游节、庆阳香包民俗文化节、武威天马国际文化旅游节、甘南香巴拉旅游节等一批特色文化品牌，同世界五大洲许多国家和地区开展了文化交流与合作。

兰州大剧院、天水汉唐公司、《读者》杂志社被商务部、文化部等5部委列入国家文化出口《重点企业目录》。上述文化品牌无不折射出甘肃历史文化的悠久和中华文化的博大精深，同时在很大程度上带动了甘肃省文化产业的发展，成为甘肃的文化名片。这些文化品牌在全国乃至世界产生了很大的影响力。

（2）空间的差异性

由于经济发展和资源分布上的差异，文化产业发展在区域之间都有很大差异。目前，甘肃省文化服务和相关文化服务情况从区域发展情况看，存在着明显的区域差距和发展的不平衡性，其中兰州市、酒泉市、天水市、庆阳市、平凉市、张掖市的发展情况较好，这也反映出文化及相关产业的发展与各地经济发展水平、当地的文化底蕴和发展理念等有着较强的依存关系。

（3）目前策略

以华夏文明传承创新区建设为重点的文化战略平台是甘肃省"3341"项目工程的"三大战略平台"之一。甘肃省华夏文明传承创新建设将围绕"一带"，建设"三基地"，打造"十三板块"，简称"1313工程"。

"一带"，即丝绸之路文化发展带。以丝路沿线文化遗址、文物保护单位为点，逐个进行保护、发掘和利用，打造知名文化景区。以点串线、以线结网、以网汇带，促进文化与旅游业的深度融合，使丝绸之路这条黄金旅游线路的文化含量更加凸显，文化旅游产品更加丰富，形成文化产业带。

"三基地"，即以伏羲文化为核心的陇东南文化历史基地、以敦煌文化为核心的河西走廊文化生态基地、以黄河文化为核心的兰州都市圈文化产业基地。

在陇东南文化历史基地建设方面，着重围绕伏羲文化、大地湾文化、周秦文化等做文章，进行文化遗产保护、传承和利用。努力将天水打造成世界华人寻根祭祖圣地。进一步支持做大做强庆阳农耕和民俗文化产业园，大力发展香包等民俗文化产品。深入挖掘陇东南四市传统节日、习俗等文化内涵。

在河西走廊文化生态基地建设方面，将着重围绕敦煌文化、石窟文化、长城文化、简牍文化、西凉文化等，进行文化遗产保护、开发、利用和创新。将分期分批实施马蹄寺石窟群、榆林窟、张掖大佛寺、骆驼城遗址及墓群等文化遗产保护项目，保护和开发嘉峪关黑山岩画、魏晋墓群。实施对山丹峡口古城、张掖黑水国、高台骆驼城、瓜州锁阳城等文化古迹的保护与开发等。

在兰州都市圈文化产业基地建设方面，将着重围绕黄河文化、彩陶文化、民族文化做文章，打造沿黄特色文化区域品牌。将在兰州加快建设一批标志性文化设施，推进兰州创意文化产业园建设，谋划实施一批重大文化产业项目和文化产业园区等。

"十三板块"，包括文物保护、大遗址保护、非物质文化遗产保护传承、历史文化名城名镇保护、民族文化传承、古籍整理出版、红色文化弘扬、城乡文化一体化发展试点、文化与生态旅游深度融合、文化产业发展、文化品牌打造、文化人才培养、节庆赛事会展等。

2.甘肃省文化产业实证分析

（1）甘肃省文化产业资源的优势

①出版发行业

围绕敦煌文化、丝绸之路文化、民族文化等主题，先后出版图书《中国石窟图文志》《国际敦煌学研究丛书》《回族典藏全书》等，颇具文化及学术价值。读者传媒出版股份有限公司身为甘肃文化产业的龙头企业，其出版的《读者》杂志是甘肃的知名文化品牌，并且在国内享有较高的声誉。此外，读者集团已经开始进军网络以及手机传媒等新兴文化业态领域，开办了网上书店、推出了《读者》系列电子杂志以及手机客户阅读端等网络媒体业务。

②广播影视业

近些年来，甘肃广播影视业发展势头良好。如今，甘肃广播电视台拥有电视节目达100多套，其中省级电视台6套。此外，甘肃广播影视数字化发展较为迅速，全省已搭建数字平台12个，城市数字化转换率超过45%，有线数字电视用户数量已经超过160万户。在广播电视节目方面，甘肃全省各级新闻单位拥有各项获奖作品多达330余件。

③文化演艺业

甘肃戏剧是甘肃文化演艺业中的强项，戏剧《官鹅情歌》《老柿子树》《苦乐村官》《花儿与少年》等新剧作层出不穷，舞剧《丝路花雨》《大梦敦煌》荣膺文化部"优秀保留剧目大奖"。甘肃省杂技团打造的《敦煌神女》是一部取材来源于敦煌壁画，集杂技、魔术、武术与歌舞于一体的精品剧目，有很强的观赏性，并且获得了首届中国国际文化旅游节十强优秀旅游演出剧目。

④文化旅游业

文化旅游产业一直以来是甘肃各类文化产业中发展最为稳定的，也是甘肃文化产业中的一个支柱性产业，并已呈现出良好的发展态势。红色旅游一直是甘肃文化旅游的一大亮点，目前，甘肃已初步形成了以会宁为主的红军长征胜利会师和以庆阳为主的革命老区等多条红色旅游线路。

此外，甘肃开发了如丝绸之路特色旅游线路、以民俗为主的"兰州—临夏—甘南—九寨沟"绿色旅游、黄河风情旅游等多项文化旅游项目。同时，甘肃还以文化演出的形式对甘肃特色文化旅游进行宣传，制作了《月牙泉》《敦煌韵》和《丝绸之路乐舞》等旅游歌舞演出，吸引了大量国内外游客。

⑤民俗文化业

甘肃在民俗文化业上的发展也取得了很大的进步，近几年的发展更是越来越好。政府在相关政策上也给予了大力的支持和引导，目前，已形成了很多相关的公司和企业，且形成了同一科学完善并且适用于甘肃省的运营模式。目前，甘肃的工艺美术作品已经实现了产业化，庆阳市的香包产业已经走上了产业化生产的道路，并且成了香包民俗文化产业集群，其产品不仅是在中国地区内受到追捧和欢迎，甚至是在全世界的范围内都受到了关注，相关的贸易销售活动涉及日本、美国等很多国家。

（2）甘肃省文化产业的劣势

总体来分析，甘肃文化产业的生产规模较小，缺少具有较强实力的文化企业和文化知名品牌，许多文化经营单位尚未形成产业化运作，与国内发达省（市）相比，甘肃文化企业的经营水平和运作方式都存在较大的差距。

从甘肃省文化产业现存发展状况分析，仍存在着结构不合理的问题，主要表现为传统文化产业比重过大，新兴的文化产业比重偏小，基本上以传统文化经营为主，以信息化、数字化为核心的新兴产业如现代传媒、动漫游戏、数字视听、演艺娱乐、文化旅游、网络文化、会展博览等发展缓慢。此外，文化产业层次不高，甘肃的文化产业中，占据较大比重的产业是传统文化产业，而以数字化、信息化为核心的新兴文化产业所占比重偏小，这也就意味着，适应时代发展的新兴产业在甘肃的发展是十分缓慢的。

近年来，尽管甘肃对文化产业的投入力度不断加大，但是绝大部分投入资金流向了省内国有单位以及公益性文化设施建设。由于省内金融政策的相关支持不够完善，民间投资力量也薄弱，使得甘肃许多中小文化企业仍面临着融资困难的问题。

甘肃文化产业缺乏具有高素质的综合型人才。由于文化产业对内容要求较高，因此文化产业的发展需要一大批在文化专业以及经营管理等多个方面均有所擅长的综合型人才。目前，甘肃文化市场大部分从业人员文化水平较低，经营者和管理者对现代企业管理和资产经营知识欠缺，缺乏具备经营管理能力和营销策划能力的人才。虽然有《读者》、庆阳香包等文化品牌，但是就其影响力和产品附加值来看，与国内先进地区相比仍存在一定的差距。

（3）甘肃省文化产业面临的机遇

甘肃位于我国西北部地区，属于经济欠发达的省份，存在着经济发展方式单一、粗放，产业结构不尽合理等问题。文化产业是刚刚兴起不久的一个产业，属于新兴产业的范畴，这类产业的主要特点就是消耗低并且产出高，其产业结构也比较完善，并且能够使人们在精神生活上得到丰富和满足。

大力发展文化产业能够对整个甘肃的经济发展产生巨大的推动作用，促进甘肃产业结构的优化，对甘肃的经济发展有着深远的意义。近年来，党和国家认识到了甘肃发展文化产业的潜力。2010年，国务院印发的《关于进一步支持甘肃经济社会发展的若干意见》中提出要把甘肃建成文化大省，第一次站在国家的高度将建设文化大省作为一个战略性目标和长期而艰巨的任务赋予甘肃。甘肃有着丰富的文化资源，丝绸之路、敦煌莫高窟、母亲河黄河、丹霞地貌、革命时期留下的红色遗址等。只有充分利用甘肃在文化资源上所具有的优势，大力发展文化产业，才能将甘肃建设文化大省的目标早日实现，同时文化产业的发展也会带动甘肃整个经济快速发展，社会日益进步，与此同时，甘肃这样的做法无疑也是顺应了当今国际发展的潮流。可以说，发展文化产业对于甘肃是势在必行的。

（4）甘肃省文化产业面临的威胁

发达国家文化产品正在扩大对中国文化市场的占领，集中表现在电影、音乐唱片、动画片、电脑游戏等大众娱乐项目方面。据《中国文化蓝皮书：2001—2002中国文化产业发展报告》统计和分析预测，我国版权贸易的输入比为10∶1，其问题并不在于外来文化商品在中国的畅销，而在于我国没有同样具有竞争力的文化商品去与对手竞争，赢得国内外市场。

（二）旅游业

1.旅游业的内涵

狭义的旅游业，在中国主要指旅行社、旅游饭店、旅游车船公司以及专门从事旅游商品买卖的旅游商业等行业。广义的旅游业，除专门从事旅游业务的部门以外，还包括与旅游相关的各行各业。旅行游览活动作为一种新型的高级的社会消费形式，往往是把物质生活消费和文化生活消费有机地结合起来的。

旅游资源、旅游设施、旅游服务是旅游业赖以生存和发展的三大要素。

旅游资源，包括自然风光、历史古迹、革命遗址、建设成就、民族习俗等，是经营旅游业的吸引能力。旅游设施包括旅游交通设施、旅游住宿设施、旅游餐饮设施、旅游游乐设施等。旅游服务，是包括各种劳务和管理行为的集合，是经营旅游业的接待能力。

2.甘肃省发展旅游业的重大意义

旅游业产业链条长，根据世界旅游组织的统计测算，旅游业每创造1元收入，就会带来4.3元的综合收入。每创造1个劳动岗位，就会为社会带来6～7个就业岗位。目前，全国范围中31个省市自治区，几乎都把旅游业作为支柱产业、主导产业或新经济增长点，不能说没有道理。旅游业是解决就业问题的主要途径，旅游业是低碳产业，是应对节能减排压力的重要产业。

旅游业的发展可以调整甘肃省的产业结构，实现产业结构升级，对甘肃省经济的发展起到重要的推动作用。通过对甘肃省的旅游产业发展的相关研究，可以切实有效地通过甘肃省的文化建设，这在一定程度上提升文化"软实力"在西部地区乃至全国范围内的辐射影响。

我国目前正在走一条资源消耗低、环境污染少、经济价值高等的新型工业化道路，文化旅游产业作为第三产业，顺应了我国目前经济发展趋势。此外，对甘肃省的旅游产业的研究不仅可以加速甘肃省社会经济等方面的顺利协调发展，还可以顺利实现西部大开发战略，拉动西部地区经济的发展，缩短中西部之间的差距，对推动国民经济的协调发展和国民整体素质的提高具有战略意义。

2.甘肃省旅游资源

甘肃省位于中国西部地区，历史悠久，是华夏文明的发祥地之一，旅游资源丰富。甘肃省的旅游资源在中国所有省份当中也位于前列，对全世界的影响相当大。根据联合国教科文组织的标准，仅甘肃的文化旅游资源的丰富度在全国排名第五位。

（1）敦煌文化

敦煌市处于甘肃、青海、新疆三个省份的交接带，是中国古代非常有名的丝绸之路的重要枢纽地。敦煌是世界重要的历史文化遗产地，在国际上被称作"世界的敦煌""人类的敦煌"。

敦煌市是一座神奇的城市，不仅具有世界级文化遗产——敦煌莫高窟，还有神秘的自然景观——鸣沙山、月牙泉等。敦煌由于敦煌莫高窟藏经洞的发现，在国际上得到公认的国际显学，并且还产生了敦煌学这一国际东方学派的分支之一。敦煌莫高窟有壁画四万五千平方米。敦煌文化主要表现是在敦煌莫高窟里面的丰富多彩且具有历史参考价值的壁画上面，它代表着各国文化、各类型文化的交流和碰撞，是包括中国、古印度、古希腊、古伊斯兰文化在内的四种文化形式的融合处。

敦煌文化还给世人展示了其无与伦比的艺术气息和大量的文献资源，公元前4—14世纪的壁画和雕塑代表着那个时代中国佛教艺术的巅峰，在这些敦煌壁画和雕塑当中，含有大量的包括汉文、古藏文、梵文等具有历史参考意义的语言文字，这些文字涉及很多方面的内容，包括政治、经济、社会、生活。作为学者来说，敦煌莫高窟就是一个值得享受的艺术圣地。作为旅游者来说，我们在进行文化旅游的过程当中，它给我们带来最多的就是震撼。敦煌文化是中国旅游的一张标志性的名片，敦煌文化是所有中国人的骄傲。甘肃省应该通过制定相应的政策措施来保护和开发其文化旅游资源。敦煌文化不仅可以带动甘肃省的文化旅游产业的发展，同时还可以带动我们西部文化旅游产业的发展。

（2）长城文化

世界著名的历史文化遗产万里长城的西起点就位于甘肃省的嘉峪关。嘉峪关关景景区有着"天下第一雄关"美誉，是世界文化遗产。在秦朝、汉朝、明代三个朝代修筑的万里长城的西起点都坐落于甘肃省。甘肃省境内保存修筑完好的长度占全国目前保存完整的整个长城长度的60%，长度大概在3600公里以上。

嘉峪关关城包括嘉峪关关城、长城第一墩、悬壁长城、黑山峡等。万里长城的修建体现了古代劳动人民辛勤的付出和卓越的建筑才能。学习长城文化，有助于学习爱国主义精神。作为长城文化的遗址地的甘肃省，更成了爱国主义教育的题材。旅游者在进行文化旅游的过程当中，除了能够领略完成长城的浩瀚雄伟之外，还能够身临其境，感受到深厚的文化氛围，对于爱国主义情怀的培养具有深远的意义。

（3）佛教文化

通过查阅相关的历史文献资料，甘肃省一直与佛教具有密不可分的联系。最早可以追溯到公元前4世纪，外来佛教就传入如今甘肃省的武威市和天水市，这个历史记录比一般认为佛教传入中国的时间足足早了300多年。因此，甘肃省在中国佛教的历史进程当中多发挥了重要的作用，在其历史进程中占有不可替代的地位。甘肃省文化旅游资源包括大量的佛教石窟和佛教寺庙。除了享誉全球的敦煌莫高窟之外，在甘肃省境内，还有大约70处佛教石窟。这些石窟当中，具有知名度的有麦积山石窟（始建于公元38—417年）、永靖炳林寺石窟（始建于公元420年）、瓜州榆林窟（始建于隋唐）、肃南马蹄寺石窟、祁丰文殊寺石窟（始建于公元401—433年）、武威天梯山石窟（始建于公元401—432年）、武山水帘洞石窟（始建于十六国时的后秦）、甘谷大像山石窟、庄浪云崖寺石窟等。甘肃省著名的佛教有夏河拉卜楞寺、泾川大云寺、张掖大佛寺、山丹大佛寺、武威白塔寺、碌曲郎木寺等。

甘肃省的佛教文化在中国的佛教史上占有重要的地位。作为甘肃省文化旅游资源之一的佛教文化，在古代的中外文化交流史上也起到了至关重要的作用。如今留存下来的保存完好的佛教文化，不管是石窟还是佛寺，都为后人研究古代的历史提供了宝贵的材料，具有十分丰富的文化旅游开发价值。

（4）黄河文化

黄河是中华文明的摇篮，被人民亲切地称为华夏民族的母亲河，孕育了一代又一代的华夏儿女。黄河从与甘肃省的接壤的青海省自西向东，流入甘肃省境内。在其境内的黄河流域，孕育了大地湾、马家窑等具有地方特色的彩陶文化以及黄河农耕文明。在甘肃省兰州市，有著名的黄河母亲雕像和中山桥景点，旅游者可以领略黄河的伟大胸襟。甘肃省政府近几年重视对黄河文化的开发，兰州"百里黄河风情线"成了一道靓丽的旅游风情线。文化产业重要组成部分之一的体育产业对黄河文化的推广提到很大的作用。通过开展马拉松活动，让更多的人参与其中，这也是推销手段之一。旅游者在旅游观光的过程当中，能够领略自然的包容性，让旅游者身临其境，感受自然的魅力，尊重自然，做到与自然的和谐相处。对黄河文化的体验，能够让旅游者的爱国主义情怀得到满足，对于开展爱国主义活动具有深远的影响。

（5）始祖文化

甘肃省是华夏文明的发祥地之一，在甘肃省境内至今流传着中国最古老的神话。人文始祖伏羲氏就出生在如今的甘肃省的天水市。在如今的天水市，仍然保存着伏羲庙。天水市当地政府采取了保护伏羲庙的策略，因此，伏羲庙至今保存完好。伏羲庙遗址对中国的文化学者了解古代历史，体察当地居民的风俗，有着重要的参考价值。始祖文化的学习能够弘扬中国传统美德和民族文化。始祖文化开创了中华民族文明。旅游者在观光之余，会产生强烈的民族文化认同感和归属感。

（6）民俗文化

甘肃省是一个多民族聚居的省份，在其境内有54个少数民族。甘肃省境内有甘南、临夏两个民族自治州，而且还有7个民族自治县，39个名族乡。甘肃省少数民族总人口达219.9万，东乡族、保安族、裕固族这三个少数民族是全国范围内在甘肃省境内特有的民族。因此，甘肃省的民俗丰富多彩，特点各异。甘肃临夏地区的花儿以及甘南藏族自治州的藏戏已经被世界教科文组织列入世界非物质遗产。甘肃省具有民族特色的文化旅游资源有：庆阳香包、伏羲祭典、卓尼巴郎鼓舞、黄河大水车制作技艺、凉州贤孝、裕固族民歌、裕固族服饰等。这些民俗体现了各民族极具地方特色的文化旅游资源。旅游者去甘肃旅游的过程当中，能够体验不同民族的生活习惯、风土人情、饮食习惯。

（7）红色文化

甘肃省历史悠久，文化呈现多元化。甘肃省的红色文化旅游资源同样丰富，在甘肃省境内大约有720多处红色遗址遗迹，记录了甘肃省在不同历史时期发生的很多重大事件和重要活动，这些丰富的红色文化旅游资源在中国共产党的历史进程中具有重要的地位。甘肃省的红色文化元素，比较集中的有"大革命文化""根据地文化""长征文化""抗日文化""解放区文化"等。甘肃的红色文化旅游景点主要有红军长征会师胜地会宁、长征命运重要决策地哈达铺等。红色文化资源蕴含的核心就是全心全意为人民服务的价值追求，体现了我党的根本宗旨。

3.甘肃省发展旅游业的优势

（1）政策优势

甘肃省近些年大力发展文化旅游产业。文化旅游产业成为甘肃省转变经济增长方式、调整产业结构的首选。旅游产业作为21世纪的朝阳产业，它的发展成为时代不可改变的潮流。甘肃省顺应潮流的发展，大力发展旅游产业。文化旅游产业是文化旅游产业当中的主要组成部分，是提高甘肃省经济发展水平，改善产业结构的重要支柱。2010年，甘肃省出台《关于加快发展旅游业的意见》，提出到2020年，把甘肃省建设成为文化旅游大省。2012年，甘肃省提出"中国西北游，出发在兰州"，对甘肃省的文化旅游产业进行宣传，通过开始大型活动等方式，如兰州国际马拉松赛、金鸡百花节，在宣传甘肃的同时，也带动了文化旅游产业的发展。2014年，敦煌市召开第一届丝绸之路国际文化博览会，旨在宣传敦煌。甘肃省对文化旅游产业是积极支持的。

（2）经济总量的快速发展

按照国际经验，人均年收入达到800～1000美元时，旅游会呈迅速增长趋势。甘肃省城镇居民人均年收入已超过了1000美元，而据中新社消息，国家发改委2009年就宣布中国人均年收入达到1470美元。经济社会发展到目前阶段，决定了旅游业的发展趋势。这是关键性的机遇。除此之外，发达地区的游资正在寻找投资机会，丰富的甘肃旅游资源也开始纳入对方的视野。

（3）基础设施的发展

甘肃省旅游交通条件和旅游基础设施也有了明显改善。除兰州中川机场外，敦煌机场、嘉峪关机场、庆阳机场相继投入使用；兰新铁路运营能力提高，几条高等级和高速公路建成。全省专业化旅游汽车目前达到600多辆，基本解决了旅游交通问题。500座旅游厕所星罗棋布于全省各地，以前最令游客着急尴尬的"如厕难"问题基本解决。在市场力量的驱动下，参与性的旅游项目逐渐出现了。河西有了沙漠探险旅游，永靖有了水上飞人。自驾车、背包客、骑自行车的"驴友"等各种旅游方式也悄然出现，并在不经意间进入人们的生活。

4.甘肃省旅游业发展现状

2014年，甘肃全年接待国内外游客12660.2万人次，比上年增长25.6%。其中，接待国内游客12655.3万人次，增长25.7%。创收779.6亿元，增长26.0%，接待外国游客2.9万人次，下降53.9%，全年国际旅游外汇收入1017万美元，下降50%。

根据甘肃省旅游局的数据表明，2014年甘肃省接待国内外的旅游人数多达1.26亿，旅游总收入为780亿元。甘肃省在旅游接待人数与旅游收入这两项旅游指标较2013年增幅达到25%以上，创历史新高。

5.甘肃省发展旅游业的劣势

甘肃许多景区或景点的资源所有权以及旅游经营权存在纠纷。管理体制不顺、经营方式不合理影响了景区的旅游投资和开发利用。比如，有些风景林区旅游景点归属于林业部门管理，地方政府即便是有决心发展旅游业，因近水楼台难得月，心有余而力不足，大大影响了积极性，这使得甘肃一些高品质的旅游资源没有得到更好的开发和利用。

十三、比较分析视角的甘肃省产业现状分析

(一)与东部、中部、西部其他省份的比较分析

1.根据全国2012年的经济排名，在西部地区选择贵州省，中部地区选择安徽省，东部地区选择山东省作为对比分析的数据样板，以此起到借鉴意义。

2012年贵州省 GDP 为 6802.20 亿元、山东省 GDP 为 50013.2 亿元、安徽 GDP 为 17212.1 亿元、甘肃省 GDP 为 5650.2 亿元，增长速度分别为 13.6%、9.8%、12.1%和12.6%。比较分析，可以发现从经济总体实力而言，甘肃省相对规模较小，仅为东部地区山东省总量的11.2%，中部地区安徽省总量32.8%，比同处西部地区的贵州省绝对量少1152亿元。若比较增长速度这一动态指标，甘肃省的 GDP 增长速度由于后发优势的存在，仅比贵州省落后，要高于山东省和安徽省。

2.从产业结构的组成分析，四个区域均有共同特点，传统农业部门增长速度和总量都处于产业较低水平，且西部地区的两个经济单位贵州省和甘肃省增长比例相对较高，分别达到8.5%和6.8%，而经济最为发达的山东省第一产业增长速度仅为4.7%，安徽省为5.5%，呈现出区域经济越发达，传统部门贡献率相对较少的特点，四区域第一产业平均增长速度为6.375%。

3.四个区域中，现代产业部门增长速度均比较高，第二产业中增长速度依次为贵州省16.8%、安徽省14.4%、甘肃省14.2%、山东省10.5%，可以看出个区域经济发展中均将第二产业作为支柱产业进行培育和发展，四个区域经济增长第二产业平均经济增长速度为13.975%，远远高于第一产业的6.375%，平均速度高出7.6%。

4.对于四个样本空间中的第三产业也各有差异，以2012年统计公报进行分析，产业总量分别为甘肃2269.2亿元、贵州3256.79亿元、山东19995.8亿元、安徽5629.4亿元，增速依次对应为12.5%、12.1%、9.8%和11%。可以分析得出，在四个经济区域中，第三产业经济总量和增长速度介于传统部门和现代工业部门之间，增长速度平均为11.35%，且增长速度的偏差较小，山东省为最

大，偏差为1.55%。甘肃省第三产业增长速度高出平均值1.15%，但产业绝对量太低，为贵州省的69.67%、山东省的11.34%和安徽省的40.3%，在四个样本空间之中属于规模最小者，但增速最快，更多是基于后发优势。

（二）以西北五省作为整体进行内部比较分析

1.整体经济规模分析

西部五省作为相邻区域，区域经济联系紧密，选择2012年数据总体来看，经济规模陕西省居首为14451.18亿元，依次为新疆维吾尔自治区7530.32亿元、甘肃省5650.2亿元、宁夏回族自治区2326.64亿元、青海省1884.54亿元，甘肃省在西部五省区域内处于中间水平，为陕西比重的39.09%、新疆总值的75.03%，约为青海省的2.99倍、宁夏的2.42倍。就经济增长速度而言，增速依次为12.9%、12.0%、12.6%、11.5%、12.3%，甘肃省处于中间偏上水平，西部五省的平均增长速度为12.26%，甘肃省略高于此值。

2.传统产业分析

西北五省作为欠发达区域，第一产业具有很强的传统性。2012年，五个经济区域传统部门实现经济总量依次为陕西省1370.16亿元、新疆维吾尔自治区1320.57亿元、甘肃省780.4亿元、宁夏回族自治区200.16亿元和青海省176.81亿元，增长速度对应表现为6.0%、7.0%、6.8%、5.6%、5.2%。可以比较得知，从农业的增加值绝对量分析，甘肃省处于中间水平，与地区经济总量的次序吻合，从增速分析，仅次于新疆维吾尔自治区，高于陕西和其余三个省份，西北五省整体平均增速为6.12%。

3.第二产业分析

第二产业发展具有重要地位，产业总量依次表现为甘肃省2600.6亿元、陕西省8075.42亿元、青海省1091.98亿元、宁夏回族自治区1158.58亿元、新疆维吾尔自治区3560.75亿元，增速对应为14.2%、14.9%、14.1%、13.8%、13.7%。所以无论从经济规模还是经济增长速度分析，第二产业对西北五省内部任何省份都具有重要的支柱性作用，平均增长速度高达14.14%，远远高于传统农业的6.12%，为后者的2.31倍。对于甘肃省来说，第二产业增速仅次于陕西省，高于其余三个省份，跟西北其他省份一样，第二产业具有区域经济发展的绝对意义。

4.第三产业分析

西部五省整体第三产业呈现现代服务业和传统商贸批发等混合并存的特点，增长速度和产业总值均保持较高水准，在2012年，各区域产业总量分别为甘肃省2269.2亿元、陕西省5005.6亿元、青海省615.75亿元、宁夏回族自治区1158.58亿元及新疆维吾尔自治区2649亿元，增长速度对应依次为12.5%、11.5%、11.1%、13.8%、12.3%，计算可以得知2012年度西北五省第三产业均为2339.626亿元，平均增长速度为12.24%。甘肃省相比较于总量平均水平高出70.42亿元，增速为0.2%，对于第三产业而言，甘肃省具有竞争优势，可以视为新的产业增长极和增长点进行培育，使之逐渐转变为支柱产业。

十四、甘肃省重要增长极分析

（一）兰州

党的十八大报告明确提出在新的发展阶段实现转变经济增长方式，作为欠发达地区的中心城市兰州，如何进行产业结构的合理调整，实现可持续发展显得尤为重要。此外，国家"十二五"规划中提到经济结构的调整不仅包括东部发达地区，还重点强调西部落后地区区域经济结构调整。

兰州作为新中国"一五""二五"及三线建设时期国家重点规划区域，由于长期经济惯性和产业建设的影响。区域内"两高一低"的经济结构极为突出，兰州作为典型的欠发达地区中心城市，如何实现经济结构的调整，经济发展方式的转变将对其地区经济的发展具有良好的借鉴效应。

1.兰州概况

兰州是历史悠久的文化名城，是大西北的交通枢纽，自然资源富集，旅游资源也有广阔的开发前景。基于兰州目前的城市现状，可将兰州定位为中国西北地区的综合性经济中心城市，连接东西部地区的交通通信枢纽城市及能源物流集散地。在准确定位的前提下，着手从培育名牌产品、发展特色旅游业、加强对外经济技术合作、推进技术创新、重视资源保护和合理开发利用等方面采取措施提升兰州城市竞争力。

兰州的地理位置很特殊。兰州有着其特有的地形，东西长达52公里，南北最狭窄处不足一公里，受到两山夹一河地形地貌的制约，兰州的城市发展空间十分有限。"再造兰州"战略的提出，除了经济总量的提升，最重要的就是城市空间的拓展。

2.近年兰州市整体产业现状分析

兰州作为计划经济时期全国性重工业城市，是西北地区重要的经济、政治、文化中心城市之一，是我国举足轻重的军事重镇与交通枢纽。长期以来，兰州的发展受制于"两山夹一河"地理位置的束缚,特别是新时期土地资源的约束,传统的经济增长模式遇到发展瓶颈。尤其是改革开放之后,甘肃周边的陕西、四川、新疆、内蒙古、青海、宁夏等省区,分别借助于地理环境、气候、边疆及少数民族优惠政策、市场化改革等多方面因素,经济社会取得了快速发展。

(1)兰州作为欠发达内陆地区工业城市,伴随近年社会经济的不断发展,产业经济实力不断壮大,产业结构更加优化,增长速度也较高。以2012年为例,兰州GDP为1564.41亿元,比2011增长13.4%。作为传统部分农业GDP为45.14亿元,增长速度为7.6%,工业和建筑业为744.70亿元,增加12.2%;传统服务业和现代服务业组成的第三产业为774.57亿元,比2011年上升14.8%,三大产业比例为2.89:47.60:49.51。

表43 2008—2012年兰州市三大产业发展简表

产业单位:亿元

年份	GDP总额(亿)	GDP增速	农业	工业及建筑业	第三产业
2008	846.28	11.51%	28.1	398.25	419.93
2009	925.98	10.80%	30.55	433.62	461.81
2010	1100.39	12.8%	33.79	529.18	537.42
2011	1360.03	15%	40	656.55	663.48
2012	1564.41	13.4%	45.14	744.70	774.57

注:根据2008—2012年甘肃年鉴整理

(2)若做纵向的动态分析,可以看出作为欠发达区的兰州在2008年后,区域生产总值GDP增速均保持在10%以上,最低的年份2009年度,由于受2008国际金融危机的宏观背景环境的影响,GDP的增长幅度相对较低为10.8%,若将2008—2012年GDP增速加权平均则兰州为12.5%。同时,从规模来分析,2009年后,兰州市GDP均在1000亿元以上,规模和总量保持稳定的上升趋势。

表44 2008—2012年兰州市三大产业所占比例简表

年份	第一产业(%)	第二产业(%)	第三产业(%)
2008	3.32	47.06	49.62
2009	3.30	46.83	49.87
2010	3.07	48.09	48.84
2011	2.95	48.27	48.78
2012	2.89	47.60	49.51

注:根据2008—2012年甘肃年鉴整理

根据配第-克拉克定理的界定，兰州市目前产业状况基本符合3∶2∶1的产业属性，但从发展经济学的理论分析，第一产业即农业所占份额太低，不利于产业的协同发展和三农问题的解决。

3.区域间的比较分析

（1）与西北地区中心城市的比较分析

此处选择西安、银川、乌鲁木齐、西宁四个省会城市作为参照指标，以2012年政府公告统计数据为依据进行分析。从总体经济实力生产总值考查，西安为4369.37亿元、乌鲁木齐为2060亿元、兰州为1564.41亿元、银川为1140.83亿元、西宁为851.09亿元，兰州处于中间水平，计算得知兰州市GDP为西安市的35.8%、乌鲁木齐的75.94%，高出银川市1.37倍、西宁市1.83倍，所以即使在西北五省内部，各中心城市经济实力差异较大。若从偏离程度分析，2012年，五个中心省会城市GDP均值为1997.14亿元，只有西安和乌鲁木齐超过这一均值，兰州市与均值比较缺口432.73亿元。

若考虑增长速度指标，五个省会城市增速分别为乌鲁木齐17.3%、西宁15.0%、兰州13.4%、银川12.5%、西安11.8%，对应于中心城市的经济总量指标兰州市处于中间地位。综合平均增长速度，五中心城市2012年GDP平均增速为14%，兰州、银川、西安三个经济单位低于平均水平。

作为兰州市而言，综合经济增长速度和经济总量，现阶段在西北五省中心城市中处于中间水平，相比较于平均值，均表现为偏低的水准。

（2）与西北地区中心城市的产业组成比较分析

中心城市传统第一产业农业都呈现出共同特征，所占经济总量比重偏低，增长速度缓慢，2012年西安为195.59亿元、银川为51.06亿元、兰州为45.14亿元、西宁为31.17亿元、乌鲁木齐为25亿元，对应增长比例分别为6.0%、5.5%、7.6%、5.3%、6.5%，平均经济总量为69.592亿元，平均增速为6.18%，除了兰州和乌鲁木齐增长速度超过均值，其余城市均低于此标准。可以看出，传统农业对西部地区中心城市的贡献率很低，以西宁为例对GDP的贡献率仅为1.26%。

第二产业欠发达地区中心城市发展情况都比较好，现代工业对经济增长贡献都表现为主导产业的作用。2012年，第二产业增加值西安为1893.79亿元、银川为624.91亿元、乌鲁木齐为878亿元、西宁为439.52亿元、兰州为744.70亿元，对应增长速度依次为增长11.8%、15.1%、16.0%、18.3%、12.2%，西北欠发达区域内，第二产业平均增加值为916.184亿元，为传统农业均值的13.16倍，平均增长速度为14.68，为农业的2.37倍，可以分析得到西北欠发达区域现有地区经济中，现代第二产业对经济社会发展起到重要的主导作用，为社会发展基要函数的重要决定因素。

对于新兴第三产业而言，各中心城市第三产业增加值西安为2279.99亿元、银川为464.86亿元、乌鲁木齐为1157亿元、西宁为380.40亿元、兰州为774.57亿元，增长速度分别对应为12.2%、10.1%、18.6%、11.8%、14.8%。产业平均值为1011.364亿元，平均增长速度为13.5%，相比较于第二产业，西部欠发达地区第三产业产业贡献率更高，总量均值为第二产业的1.1倍、第一产业的14.53倍，增速比较于第二产业稍低，但约是第一产业的2.2倍，对地区经济发展起支撑性作用，应该可以定位为支柱性产业。

综上所述，根据现代产业结构理论，当区域内产业结构呈现"三二一"现象时，区域经济结构呈现合理的增长态势，尽管西北欠发达区域中心城市现阶段均为"二三一"结构，但综合分析增速和偏离程度等因素，兰州市经济发展处于中间偏弱水平，选择以兰州市作为样本进行产业结构调整分析并进行路径选择具有借鉴意义。

4.欠发达区域兰州市产业调整的优势

（1）政策优势和城市软实力

兰州虽然地处西北欠发达区域，但随着国家宏观经济政策的不断调整和西部大开发不断深入，政策优势比较明显。特别是2012年8月20日，国务院以国函［2012］104号文件印发《国务院关于同意设立兰州新区的批复》，批复甘肃省《关于设立兰州新区的请示》，兰州新区成为国务院正式批复的第五个国家级新区，这将会为西北欠发达地区和兰州城市经济的发展培育出新的经济增长极。

此外，兰州作为陇上名城，特殊的地域环境和文化沉淀出自己独特的城市软实力，2006年被中国金融网评选为中国最具魅力的金融生态城市、2010年国家科技部确立兰州为20个国家级创新型试点城市、2012年被评选为2012年度中国特色魅力城市200强，同时，兰州地方政府针对文化大省建设颁布《兰州市申报国家历史文化名城实施方案（试行）》方案等均为产业结构的调整和区域经济的发展提供软实力的支撑。

（2）区位优势、经济资源和文化资源优势

兰州市地处西北内陆地区，从地理分布角度属于"坐中四联"的中心位置，从传统的经济地理的格局分析，处于其余省会城市如西安、乌鲁木齐、银川、西宁等交汇中心，具有特殊的地理意义，构成了自己所独自具有的交通条件。兰州目前为西北地区最大的交通枢纽所在地，自身交通体系紧密连接西北5个经济区域，这使得兰州具备经济发展所具有的区位优势。

在黄土高原、青藏高原、内蒙古高原和祁连山地交汇地区的兰州，属于多种自然要素融合地带，气候、温差、无霜期、水资源、海拔平均高度、草场资源等均为区域特色农业的发展提供了优势。兰州现辖五区三县，人口密度大，截至2014年1月常住人口统计指标为360多万，市场消费和城市人口比例均为较高水准，这些因素为兰州发展特色城市农业提供了资源基础。

兰州作为古丝绸之路文化要地，在旅游领域有传统优势，民族特色、丝路旅游、黄河文化、红色之旅及生态旅游等旅游资源使得兰州具有唯一性，旅游业的发展能够为地处欠发达区域的兰州进行产业结构调整提供产业支撑作用和新的经济增长点。

兰州背倚宁、青、藏，连接川、黔、滇广大地区，基本处于中国陆地中心。在西北大发展中，兰州不仅处于甘肃省的中心位置，在西北城市发展格局上，处于西安、乌鲁木齐、银川等大城市的中心，同时，兰州河谷盆地是甘肃中部黄河、洮河、大夏河、湟水、庄浪河、宛川河等的汇集之处，在地貌构成上也是名副其实的中心，而这些河流冲击而成的沟谷在切割很深的黄土高原往往是重要的交通线路，这也使得自丝绸之路开通以来，兰州就是我国政治、经济、文化的中心地区与西北地区联通的中心。

兰州是西北第二大城市，甘肃省省会，西北地区重要的工业城市和商贸、科技区域中心和交通、通信枢纽。城市功能的扩张与规模的扩大有相互促进的关系，城市职能结构的演变必然带动城市空间结构的变化。建国初期，兰州市区的空间形态为典型的单中心结构。新中国成立后，兰州市提出要建设成为一个以石油工业、化学工业、机械制造工业为主的现代化工业城市，集中发展的工业主要布局在西固、安宁、七里河、城关、庙滩子等5个片区，土地开发利用规模空前扩大。20世纪70年代末，初步形成以"一主三次"为特征的多中心组团式的空间结构。20世纪90年代中期以后，兰州城市发展坚持"带状组团分布、分区平衡发展"的原则，考虑了市内4区平衡发展的问题。2000年以来，兰州城市地域进一步向东、北、西3个方向扩展，同时在"跨出峡谷、东进西出，构建大兰州城市格局"发展思想的指导下，在榆中县中部的河谷盆地建设了新城，形成了有机疏散的带状城市结构。

兰州自古就是"丝绸之路"上的商埠重镇和著名的"茶马互市"，现已发展成为西部地区重要的商品集散中心。多层次、规范化的市场体系建设日益完善，流通服务功能明显增强，人流、物流、资金流、信息流相对活跃，大商贸、大流通、大市场格局初步形成，辐射面达西部8省区，近400万平方公里。商贸流通业整体水平得到提升，超市和连锁经营等新兴业态快速发展。

1992年国家批准兰州为内陆开放城市以来，兰州的投资软环境得到明显改善，先后引进中粮可口可乐、吉利轿车、法国威立雅、丹麦嘉士伯等一批项目。对外交流不断加强，先后与日本秋田市、澳大利亚新南威尔士州杨市等10个城市缔结为友好城市；与美国亚特兰大市、埃及法尤姆市等14个城市缔结为友好交流城市。兰州与国内各省市的经济技术合作日益广泛，友好交往不断扩大，还先后与南京、福州、沈阳、石家庄、长春、合肥、西宁、银川、拉萨、呼和浩特、杭州、厦门、南昌、海口、三亚、蚌埠、上海卢湾区等18个城市缔结为友好城市（区），与国内170多个城市和地区建立了信息交流和合作网络。

（1）社会分摊成本优势（交通优势）

兰州市作为甘肃省省会，是甘肃省政治、经济、文化中心，其在西北地区"坐中四联"的中心地位也使得它具有极为便利的交通条件。兰州市是西北最大的交通枢纽，连接西北5省（区），也是全国12个主要交通枢纽之一。国道102、109、213、312线穿城而过，陇海、包兰、兰新、兰青—青藏铁路交会于此，中川机场开通了全国各主要城市的航线。

①铁路

兰州是全国九大综合性交通枢纽之一，兰州是中国12个主干交通枢纽之一，是铁道部规划的十大区域性客运中心之一，是大西北铁路、公路、航空的综合交通枢纽和物流中心。2009年兰州铁路枢纽旅客发送量近千万人次，兰州将建成10个方向交通铁路枢纽，兰渝线、兰新第二双线、包兰复线、兰合铁路、兰州经中川至张掖城际等铁路将相继建设，加之既有线，新的兰州铁路枢纽建成后，将有10个方向的铁路在兰州交汇。

②公路

兰州公路交通四通八达，辐射周边地区，兰州至西宁、银川等周边城市的五条高速公路已建成通车。G6（北京—拉萨）、G30（连云港—霍尔果斯）、G75（兰州—海口）、G22（青岛—兰州）、G3001（南山北环兰州绕城）、G109（丹东—拉萨）、G212（兰州—重庆）、G213（兰州—云南磨憨）、G309（山东荣成—兰州）、G312（上海—霍尔果斯）、G316（福州—兰州）等多条国家级高速公路和过道干线使得兰州成为国家高速公路网中的重要节点。

③航空

兰州中川国际机场是西北省会城市飞行区干线机场，目前有1条4500米的跑道，2010年改扩建新的T2航站楼建成后，海南航空将独自使用T1航站楼。开通有到国内各大城市的航线40条左右，为海南航空公司基地机场，为东方航空公司西北基地。现已开通兰州至北京、上海、广州、武汉、厦门、深圳、成都、西安、南京、杭州、桂林、重庆、福州、拉萨、敦煌、嘉峪关等近40条航线，并每周开通有飞往香港和新加坡等地的定期旅游包机航线。形成了以兰州为中心，连接北京、上海、广州等40多个大中城市和日本冲绳、香港、马来西亚的航空网络。

（3）经济资源优势

兰州市在地理区位的中心也决定了其旅游资源的特质。它处于黄土高原、青藏、内蒙古三大高原和祁连山地交汇地带，处于中原农耕文化和西北游牧文化、汉族文化与西部诸多少数民族文化相交融的地带，处于多种自然和人文要素交汇中心。

气候适宜，为开发休闲度假和打造避暑胜地提供了资源基础。兰州市气候适宜，具有明显的温带大陆性季风气候特征，昼夜温差大，季节变化显著，春季干燥，夏季无酷暑，秋季凉爽，冬无严寒，年平均气温在6～9摄氏度之间，年平均降水量在200～600毫米之间。

（3）兰州新区的政策优势

兰州新区是第五个国家级新区，位于兰州北部秦王川盆地，地处兰州、西宁、银川三个省会城市共生带的中间位置，是国家规划建设的综合交通枢纽，也是甘肃与国内、国际交流的重要窗口和门户，距兰州市区38.5公里，距西宁198公里，距银川420公里。规划面积806平方公里，辖永登、皋兰两县五镇一乡，现有总人口10万人。年均气温6.9摄氏度，年降水量220毫米，年均蒸发量达到2000多毫米。无霜期约在150天左右。核心区平均海拔约2000米。

新区区位优势明显，座中四联，承东启西，连接南北，是西陇海兰新经济带的重要节点；土地和水利资源丰富，地势开阔，适宜大规模集中连片开发建设，"引大入秦"水利工程横穿新区，水资源完全能满足新区未来发展的需求；交通便利，连霍高速、京藏高速以及中川机场构成了立体综合的交通网络体系；国家石油战略储备库、吉利汽车等一批产业项目入驻，初步形成了产业集聚的良好态势。省市党委、政府高度重视兰州新区开发建设，举全省、全市之力支持新区发展，计划通过5～10年的努力，把兰州新区打造成为战略性新兴产业、高新技术产业和循环经济的集聚区，国家经济转型和承接东中部装备制造业转移的先导区，传统优势产业和现代化服务业的扩展区，向西开放的战略平台，已经有包括中石油国家战略石油储备库、吉利汽车、三一重工在内的多家国内外大型企业落户新区。

8月20日，国办印发了《国务院关于同意设立兰州新区的批复》，同意设立兰州新区。至此，兰州新区继浦东新区、滨海新区、两江新区、舟山群岛新区之后，成为国务院正式批复的第五个国家级新区，也是西北地区的第一个国家级新区。这是甘肃省转型跨越、富民兴陇战略的一个重大突破，对甘肃、西北乃至未来整个西部大开发的格局都将产生深远影响，在中国经济区域平衡化发展进程中具有举足轻重的战略影响，是党和国家深化西部大开发的一项重大决策。

从国家西部大开发战略的高度审视兰州新区，位于祖国陆域版图的几何中心，地处于西部地区座中六联位置的兰州新区，是向西开放的重要门户、西陇海兰新经济带重要支点和西北交通枢纽，又与兰州—西宁—格尔木黄河上游经济增长带和西宁—兰州—银川省会经济圈、成渝经济区和北部湾经济区等共同形成西部大开发的战略支撑。

从城市发展角度看，兰州市受制于"两山夹一河"的狭长地貌限制，土地资源紧张，限制了城市的发展速度。而兰州新区所在的秦王川，是兰州市周边最大的一块高原盆地，并且"引大入秦"工程（将甘青两省交界的大通河水引进兰州市以北的秦王川的自流灌溉工程）将为秦王川带来4.43亿方的引水量，可有效解决兰州市经济发展在土地和水资源上的限制。

5.兰州地区经济产业结构调整的制约因素

在此处分析中，借用传统的三大产业划分方法进行阐述，鉴于金融业和创意产业的快速发展，将二者从第三产业中提出单独讨论。

（1）传统第一产业农业方面

对于现阶段欠发达地区的兰州，其农业的转型发展主要受制于农业投入资金短缺的制约。现代城市农业与传统农业最大的差异在于是否为资本推动和技术推动，其为了培育资本技术属性，需要大量的投入，但当下区域内农业投入基本依靠微观农业个体自发投入，市场个体基于传统农业的零风险意识，投资额度较少。此外，欠发达区域地方政府专项资金有限，支持农业发展的相对较少，2012年社会固定资产投资中，第一产业为24.94亿元，仅占2.01%。

目前，随着农业技术的不断推进，兰州传统农业农产品科技附加值不断上升，但传统特征依然比较突出。区域内传统特色农业如高原夏菜、百合、韭黄生产种植面积较少，且生产工艺传统性非常强，保留传统手工个体劳动，没有现代市场所要求的分工协作模式，个体农户生产追求单一短期的经济效益，对于现代农业和市场产业链发展理念还缺乏思考。以2012年统计数据为例，全年农作物播种面积为333.36万亩，其中粮食作物195.25万亩，占58.87%，其余所有特色农业等所占比例为41.13%，整体传统性偏强。

（2）现代工业发展受制因素

由于受制于地形地貌等原因，兰州市传统工业布局没有考虑集中性，现有产业布局没有形成集聚，各个重要的传统国有企业等都比较分散，区域内创新型工业集聚度不高。此外，雁滩经济开发区、安宁经济开发区和彭家坪经济开发区入园企业偏少，致使企业之间产业集群度不高、不紧密，必然会影响到企业生产成本和交易成本。目前，除西固石化工业区以外，市内所剩工业空间布局分散，使得集聚效应无法发挥，并对环境污染提出较高的治理难度。

资源承载力对现代工业的发展提出了转型要求，对于兰州市发展现代工业而言，最大受制因素应该为土地资源，兰州市区地处黄河谷底，能够用于工业生产的土地资源稀缺，若将该指标进行人均处理，则资源丰裕程度或更低。此外，兰州作为国家"一五"期间重点建设的工业城市，工业结构呈现出很强的二元性，重工业所占比例远超过轻工业，同时具有欠发达地区民营经济不发达的共性。

（3）兰州服务业受制因素分析

从整体来分析，仍然表现为结构性矛盾和传统性较强的特性，第三产业内部所占优势的为传统批发和零售业，二者的行业增速高于新兴现代第三产业的平均速度。消费格局二元性比较突出，以2012年度为例，兰州城镇居民人均可支配收入为18442.76元，农村居民人均纯收入为6224.32元，城镇居民收入为农村居民的2.96倍。前者人均消费性支出14167.9元，后者人均消费支出4760.18元，前者为后者的2.98倍，二元收入结构和消费结构的差异对于受消费推动的第三产业产生重大限制作用。

（4）现代金融业和创意文化产业

现代金融业和创意文化产业作为新兴产业，近年来发展极为迅速，在发达地区已成为区域经济发展的重要支撑产业，但作为落后地区的兰州现代金融业和创意文化产业表现出一些自身特点。

市场化程度低，产业规模偏小是二者共同具有的特点，金融业和创意产业均属于资本密集型和技术密集型行业，需要地区经济高度的支撑。但兰州地区经济发展水平比较落后，还缺乏雄厚的资金对其支持，同时市场和政府的相关配套措施还不够完善。根据2012年兰州市国民经济和社会发展统计公报数据，兰州GDP为1564.41亿元，与金融业、创意文化产业关联系数最高的第二产业（工业和建筑业）为744.7.18亿元、第三产业（传统服务业和现代服务业）为744.57亿元，相比较东部发达地区（如苏州工业2012年为34528亿元）规模太小，不利用现代新兴产业的扩充发展。即使相比较于西部地区城市或者西北五省，与成都、西安、重庆西部一线城市比较，地区实力偏弱。在西北五省省会城市中，地区经济总量GDP仅仅领先于西宁、银川，处于中间位置。

此外，内部结构不合理，整体第三产业内部，交通运输、批发零售及餐饮等传统第三产业所占份额很大，现代金融业、创意文化产业等技术密集型行业贡献率比重低。无论金融行业还是创意文化产业规模小、企业实体空间相对比较分散。

同时，金融业还是传统性偏强，产业资产集中于传统银行，证券行业和金融衍生行业所贡献份额很低。股份制银行和民间银行有待突破性发展，多元化格局没有形成。地方政府对新兴产业的支持政策还不完善，东部发达区域均以创意文化产业等作为新兴前景支柱产业，颁布长期发展规划和近期支持措施。目前，兰州对创意文化产业虽然已经发布了相关政策，但缺乏明确的推动产业发展的规划和政策。

6.兰州市产业结构调整的路径选择

（1）重视农业的基础地位

根据发展经济学理论，只有现代农业的良性发展才能够为区域经济提供社会剩余，要克服片面强调工业和现代服务业而忽视现代农业发展的思路，经验表明，西方现代工业强国均为农业强国，在产业结构调整中必须重视农业的基础性地位和作用。

根据系统化理论的特点，在现有合理布局的基础上对兰州地理空间上聚集的特色农业产业进行布局，针对土地资源和水资源对农业发展制约性因素大的特点，科学规划、合理调整兰州城市农业，减少社会发展对农业造成的冲击和负面影响，改善城市生态系统，为现代农业的可持续发展做好长期规划。在远郊山区和丘陵区发展特色林牧业，继续完善兰州特色绿色食品和干鲜果品生产基地，以市场化的思路发展传统农业，积极发展兰州乡村旅游和现代观光农业、休闲农业，全力保护水土流失，积极恢复欠发达地区生态环境，整合经济效益、社会效益目标，降低人力矛盾。

积极保护现有农业用地，特别是区域内产出率较高的耕地和河谷川台地，将工业化城市用地和小城镇建设对农业用地征用的负面影响降到最低。对现有种植农业进行逐步调整，加大经济作物、蔬菜、特色水果、中药材的种植面积，减少粮食作物种植。对已经形成种植规模的高原夏菜和优质高档蔬菜种植、特色肉类养殖等，在保持规模的基础上加强产品深加工，延长产业链条，以工业化思路发展农业，减少兰州农业收益与工业收益差异太大的现象，实现欠发达区域中心城市现代农业的可持续发展。

（2）工业的新型化道路建设

以产业升级为重心，推进兰州工业的新型发展，必须充分认识兰州老工业基地的现实情况，积极推进现有工业的产业升级改造。大力支持传统国有企业推进科技创新和技术改造，利用信息技术推进产业升级换代，走新型工业化道路。考虑以技术进步快、部门产业率高、前向后向关联度大及弹性系数高的部门为突破，带动工业整体逐步。先期重点考虑装备制造业，借助工业基础和优势所在，迅速进行传统产业高新技术改造工程，实现地区创新型工业体系构建的突破。

根据国家中长期产业发展规划，着力培育欠发达地区新兴产业。根据国家工信部所颁布的规划，重点做好先进制造业、生物医药和食品加工业、新能源、新材料以及低碳、环保、循环、绿色的其他高新技术产业的培育工作。同时，在适当的范围里，可以考虑优先发展新能源、新材料、生物技术、电子信息、精细化工、新医药、机电一体化以及节能环保技术等先导性产业，以占领战略制高点。

充分发挥开发区和产业园集群作用，重点依托兰州高新技术产业开发区和经济技术开发区以及建设中的彭家坪产业开发区，整合现有各资源，大力吸引创新型工业入园，工业园区整体产业质量，以新兴产业为标杆，积极引导市场主体集中至园区，发挥产业集群所形成的规模优势，降低交易成本和费用。根据兰州中药材资源占有的特点，考虑依托兰州生物产业基地，建设国家级生物产业基地，构筑以生物制品、现代中藏药、动物用药、生物医学工程为主体的产业体系和系列产业群。

（3）多元化的现代服务业发展

针对兰州市传统服务业依旧占有重要地位或优势地位的情况，考虑在保持现有发展速度的同时以政府为导向，加大现代服务业的发展，重点做好现代金融业、创意文化产业、特色旅游产业的发展。鉴于目前兰州地区民营资本较弱、企业注重短期行为等客观因素，发展现代服务业创意产业应以政府为主体，加强区域性产业规划，扩大投资与融资力度。现代服务业特别是金融业和创意文化从本质上属于新兴技术密集型行业，需要政府大力的支持和前期高额的投入。

目前，从宏观环境来看，国家政府层面在积极鼓励发展现代服务业，这是兰州等欠发达地区发展现代服务业的重要契机，应该充分发挥地区比较优势和后发优势，积极利用科学技术和信息技术改造传统服务业，可以将邮电通讯业和传统物流业作为先期改造行业。在保持传统优势的同时，积极推动西部金融城市建设和创新城市建设。

积极进行兰州特色旅游和文化产业可持续发展，根据兰州地区人口数量多，资源有限的特性，在充分考虑十八大报告中经济增长方式转变的宏观要求，考虑将特色旅游业，尤其是观光旅游和乡村旅游业作为兰州现代服务业中的重要产业进行发展。借助华夏文明传承创新区、文化大省建设、丝绸之路申遗等重大文化规划项目，积极进行产业结构调整，避免低水平重复性建设，实现传统服务业发展良性高效，现代服务业蓬勃上升的产业局面。

(二)庆阳

1.庆阳概况

甘肃省作为西部欠发达地区，如何实现区域内城乡统筹发展，必须充分考虑内部的特殊性，特别如庆阳、定西具有典型意义的落后区域属性。目前，甘肃区域内城乡统筹路径选择设计大致为城镇化驱动、以县域经济为经济增长极，或以资源型工业为主导产业的模式，本文拟以庆阳这个落后地区为例，建议以红色特色旅游业或工业化农业为新的经济增长点推动统筹城乡发展，为甘肃城乡统筹发展提供新的思路。

作为欠发达区域而言，经济整体传统性较强，加快特色旅游业发展，不仅利于培育新经济增长点，同时对于区域产业结构的调整和城乡统筹发展具有实际可操作意义。特色旅游业对提供就业岗位、增加农民收入，推动地区经济增展、生态环境保护方面意义重大。以2012年为例，甘肃省仅红色旅游接待消费者为844万人，增速为41.25%，行业收入为21.9亿元，增速为38.56%，红色旅游共提供显性隐性岗位7.3万。

2.庆阳区域产业分析

根据庆阳市统计公报显示，在2014年度区域实现GDP 668.93亿元，比2013上升10.2%。第一产业为80.62亿元，增速为5.8%，第二产业为424.14亿元，增速为11.4%，第三产业为164.17亿元，增速为8.9%。三大产业的比例为12.1：63.4：24.5，2013年为13：62：25，根据经济理论判断区域进入工业化中期阶段，相比较于历史水平和全国、甘肃同期水平，产业结构更为优化。

以红色旅游为重要组成的现代服务业发展迅速，特别是文化产业实现生产总值11.03亿元，增长25.4%，占经济总量的1.6%。其中旅游业在2014年度，全年接待国内外旅游人数449.40万人次，实现旅游收入20.71亿元，分别增长21.7%和25.1%。

近年来甘肃省革命老区经济发展相对滞后，如何合理对老区特色旅游资源进行规划、开发，对甘肃省实现城乡统筹发展和文化产业大省建设、华夏文明传承区建设都具有重要的社会示范效应。老区是革命先烈们领导人民群众开创新中国的地方，新时期老区精神和革命思想对社会主义政治工程、文化工程和加快构建社会主义核心价值体系起着重要的作用。

党的十六大提出大力扶持重要文化遗产保护，扶持老区和中西部地区文化发展，建设和巩固社会主义思想文化阵地。庆阳作为甘肃革命老区，红色遗址遗迹众多，如何通过发展特色旅游业，进行革命历史文化遗产保护，对于构建、发展先进文化，培育社会主义核心价值观，具有重要而深远的意义。同时，红色旅游也成为现代旅游可持续发展的重要组成，和民俗旅游共同对老区经济的持续发展起到后发支撑作用。

3.庆阳老区特色产业禀赋分析

（1）农业资源

庆阳地区农业属于传统旱区农业，境内水资源匮乏，干旱缺水，年无霜期较短，空间上呈现出地广人稀的特征。农业传统性使得农业种植与生产具有绿色农产品的自然属性，利于秋粮和小杂粮种植。在经济地理演化过程中，庆阳作为传统农业区域被誉为"陇东粮仓"和"中国小杂粮之乡"。长期的小杂粮种植保证种质资源相对丰富，伴随农业生产力的不断提升，作为特殊农业资源的庆阳小杂粮，可以作为新的农业禀赋进行产业支撑。

同时鉴于庆阳面积较大，具备进行畜牧业发展的自然优势，借助于国家政策的调整，近年畜牧业发展迅速，可作为新的经济培育点。2013年末大牲畜存栏63.83万头，比上年增长4.9%。其中，牛存栏38.56万头，增长5.2%；牛出栏16.56万头，增长5.1%。羊存栏187.14万只，增长7.6%；羊出栏73.83万只，增长8.0%。肉类总产量7.03万吨，增长8.3%。

（2）旅游资源禀赋

庆阳作为革命老区，为"最具艺术气质的西部名城"，是陕甘宁革命根据地的重要组成和陕甘宁省府所在地，老区存有大量革命遗址和文物，陕甘宁边区政府旧址、抗大七分校、南梁纪念馆等红色经典遗产作为具代表性的旅游资源。同时，中华文明传承区中，庆阳区域内为轩辕黄帝重要活动区域和周人发祥地，周祖陵殿、公刘殿、秦直道、刺绣、剪纸、皮影、道情等是特色人文旅游资源。

庆阳红色旅游资源丰富，华池"南梁政府"旧址、环县河连湾陕甘宁省委省政府旧址、山城堡战役等革命遗址，是国家、省、市确定的爱国主义和革命传统教育基地。南梁革命纪念馆、列宁小学、陕甘边区军委、苏维埃政府旧址、中国人民抗日军政大学七分校校部旧址和大凤川军民大生产基地旧址等已建成为红色旅游景区。2011年11月12日，庆阳市被誉为"中国红色文化休闲名城和中国十大特色休闲城市"。在"2012年全省旅游商品创新大赛"上，轩辕香包集团选送的"敦煌神韵"香包荣获三等奖。

（2）政策优势

近年来，国家领导人高度重视、支持庆阳革命老区建设，习近平总书记亲自到庆阳市视察工作。2012年，《陕甘宁革命老区振兴规划》经国务院批准实施，庆阳120多个重点项目纳入国家战略。2013年，甘肃省政府制定甘肃华夏文明传承创新区"红色文化弘扬板块"实施方案，庆阳老区红色旅游作为主要组成。此外，2009年国务院出台《关于加快发展旅游业的意见》及2013年4月《旅游法》的顺利实施，均对特色旅游业发展构成重大政策优势。

（3）区位优势

庆阳老区紧邻宁夏、内蒙古、陕西及平凉、天水等旅游业成熟区域，庆阳可充分借鉴、发挥后发优势，形成区位优势。同时，伴随西长凤高速、西雷高速、西平铁路、银西铁路和庆阳机场扩建等基础设施建设展开，区位优势会更加明显。此外，《陕甘宁革命老区规划》提议陇东组团发展将对庆阳区位优势增强起到促进作用。

（4）经济总量不断提升，与旅游业呈正相关增长

2013年庆阳GDP为606.07亿元，增速为14.5%，分别高于全国和全省6.8个百分点和3.7个百分点，占全省经济总量的9%，所占份额上升。在近几年统计数据显示中，2010年为GDP为357.61亿元，增长15.8%，2011年GDP为454.08亿元，增长16.8%，2012年GDP为530.29亿元，增长16.1%，2013年GDP为606.07亿元，比上年增长14.5%。伴随经济的发展，旅游业呈正向变化，2010年，旅游人数133万，实现旅游收入4.27亿元，2011年240万，收入10亿元，2012年290万，收入12.21亿元，2013年旅游人数371.20万，收入16.57亿，分别同比增长20.8%、22.1%、28.3%和38.9%。

（5）经济质量更为优化

2013年三次产业结构为13∶62∶25，第一产业为80.29亿元，第二产业为377.94亿元，第三产业为147.84亿元，整体经济属于工业快速增长的中期阶段。同时，固定资产投资增长迅速，特别与旅游业紧密相关的现代服务业，在2013年度投资的1138.97亿元中，第三产业投资增长49.4%。此外，市场规模不断扩大，2013年社会消费品总额为146.54亿元，增长14.7%，增速高于全国和全省水平。

4.庆阳与兰州、张掖、天水等重要区域的比较分析

选择2013年甘肃省统计局公布的统计公报为样板数据进行分析，在区域选择中选择兰州、张掖、天水三个区域经济增长极进行对比。

（1）庆阳实现生产总值606.07亿元，增长14.5%，传统产业为80.29亿元，

增长 6.6%；现代产业为 377.94 亿元，增长 16.6%；第三产业为 147.84 亿元，增长 13.0%，产业比例关系为 13：62：25 文化产业实现增加值 8.6 亿元，增长 53.6%，占生产总值的 1.4%。

同期兰州实现生产总值 1776.28 亿元，增长 13.40%。其中传统产业为 49.12 亿元，增长 5.80；现代产业为 820.42 亿元，增长 13.50%；第三产业为 906.74 亿元，增长 13.60%，产业比例为 2.76：46.19：51.05。文化产业增加值达到 41.06 亿元，增长 38.74%，占全市 GDP 的 2.31%。

天水实现生产总值 456.3 亿元，增长 11.5%。其中传统产业为 86.8 亿元，增长 6.5%，现代产业为 174.5 亿元，增长 15.3%，第三产业为 195 亿元，增长 10.1%，产业比例为 19：38.2：42.8。张掖生产总值为 336.86 亿元，增长 11.8%，传统产业为 93.11 亿元，增长 6.5%，现代产业为 120.3 亿元，增长 14.8%，第三产业为 123.45 亿元，增长 12.5%。文化产业为 5.9 亿元，增长 45.32%，占生产总值的 1.75%。

（2）2013 年固定资产投资总额庆阳为 1138.97 亿元，增长 28.0%。张掖为 227 亿元，增长 29.32%。兰州为 1316.86 亿元，比上年增长 27.42%。天水为 442.88 亿元，比上年增长 25.91%，从投资规模角度分析，仅次于兰州。同年，社会消费品零售总额庆阳为 146.54 亿元，增长 14.7%，天水为 199.05 亿元，比上年增长 14.2%。张掖为 106.05 亿元，增长 13.8%。兰州总额为 843.87 亿元，比上年增长 14.7%。

（3）2013 年庆阳接待国内外旅游人数 371.20 万人次，旅游收入为 16.57 亿元，分别增长 28.3% 和 38.9%。天水为 1340 万人次，增长 29.11%；旅游收入为 76.56 亿元，增长 31.46%。张掖为 662.7 万人次，增长 27%；实现收入 36.8 亿元，增长 35.8%。酒泉接待人数 1100.72 万人次，增长 36.7%，旅游收入为 95.95 亿元，增长 35.4%。甘南州为 410.2 万人次，比上年增长 33.3%，实现旅游综合收入 17.4 亿元，增长 32.6%。

从中可以看出，除省会兰州以外，庆阳区域经济总量和产业水平均处于领先水平，特别是文化产业发展比较迅速。总体上看，产业增速在全省比较靠前，但与兰州比较，在总量上差距较大，部分指标还比较落后，第三产业、社会消费等指标落后幅度较大，经济发展的协调性和内生动力还不够强。旅游业发展远远落后于酒泉和天水，但增长空间较大。

5.重要经济指标分析

（1）经济总量

选择 2013 年统计公报为样板数据，庆阳市 GDP 总值为 606.07 亿元，增率为

14.5%，三次产业结构比例为13：62：25，与旅游紧密联系的文化产业为8.6亿元，增长53.6%。兰州GDP总值为1776.28亿元，增长13.40%，三次产业比例为2.76：46.19：51.05，文化产业为41.06亿元，增长38.74%。天水GDP总值为456.3亿元，增长11.5%，三大产业比例为19：38.2：42.8。张掖GDP总值为336.86亿元，增长11.8%，产业比例为27：35：38，文化产业为5.9亿元，增长45.32%。从中可以看出，除省会兰州以外，庆阳区域经济总量和文化产业发展比较迅速，但第二产业所占比例过高。

（2）市场容量

作为衡量市场规模的重要指标——社会消费品零售总额，在2013年庆阳增长14.7%，天水增长14.2%，张掖增长13.8%，兰州增长14.7%，市场规模的扩大速度不断提升。从投资规模来看，2013年庆阳固定资产投资总额增长28.0%，张掖增长29.32%，兰州增长27.42%，天水增长25.91%，从此角度分析，庆阳高于全省平均水平。

（3）特色旅游业

庆阳旅游人数为371.20万人次、收入为16.57亿元，天水旅游人数为1340万人次、收入为76.56亿元，张掖旅游人数为662.7万人次、收入为36.8亿元，酒泉旅游人数为1100.72万人次、收入为95.95亿元，甘南州旅游人数为410.2万人次、收入为17.4亿元，旅游业从规模和收入数量发展庆阳远远落后于酒泉和天水等传统旅游区域，但后发优势相对比较明显。

6.庆阳市发展特色产业的劣势分析

（1）受传统地理限制

庆阳作为甘肃老区，受历史规划影响至今未通铁路，整体交通体系基于公路构建，受天气的影响较大，道路体系不完整。在景区建设中，除南梁革命纪念馆、中国人民抗日军政大学七分校校部旧址、列宁小学、大凤川军民大生产基地旧址等达到市场运作需要外，其余还不具备市场化的条件。

（2）生态环境的脆弱对新投资有约束

庆阳地区生态环境退化严重，属黄河流域水土流失重灾区，森林覆盖率为25%，石油开采业在区域经济中具有绝对的影响意义，传统的开发体系对区域内生态环境保护构成负面影响。同时，在新投资中，用于环境保护和生态补偿建设的资金较少，对发展特色旅游产生不利影响。

（3）产业周期性明显

庆阳作为西北内陆干旱区域，特色旅游季节性特征明显，红色旅游在清明节、劳动节、国庆节和暑假，受自然条件约束明显，使得旅游景区建设出现周期性波动。此外，在特色旅游发展过程中，旅游产品特别是具有庆阳地区代表性和特色性的民俗产品、红色产品较少，旅游产业链条较短，形成旅游产业周期性强、利润相对低的特点。

（4）宣传力度不够，从业人员素质亟待提升

庆阳地区蕴涵极其丰富的民俗资源和红色旅游资源，但受传统封闭环境的影响，未被更好地开发利用，旅游业无法与天水、酒泉等地比较。旅游资源和市场宣传力度不够，市场认同度不高，还没有品牌产业。同时，区域内旅游人才相对缺乏，现有旅游从业者素质偏低，人员整体学历水平偏低，高端管理人才和旅游业策划人才缺乏，对旅游业可持续发展产生负面影响。

7.此类区域主导产业模式选择及产业发展的对策建议

（1）主导产业的适宜选择

长期以来，传统经济学理论在城乡统筹发展的模式选择中，主要借助工业化带动区域经济的整体发展，以工业反哺农业，以工业的快速增长来实现区域统筹发展。考究庆阳地区，工业虽然增长迅速，经济总量也较大，但主要靠长庆油田进行产业组合，其对地方经济的发展更多地体现在税收上，可以合理地选择传统产业和现代服务业作为城乡统筹的产业支撑进行培育。

（2）大力发展特色农业和红色旅游业，消除二元结构，实现城乡统筹发展

作为欠发达地区的落后区域，庆阳应重视传统农业资源和红色旅游资源，大力发展小杂粮和养殖业，引进先进适用农业生产技术，进行农业工业化生产和市场化生产，全面保护农业可持续发展、提升产业总量。借助位于银川、西安、平凉三个旅游区域的地缘优势，开展以红色旅游为核心，以生态旅游、农业休闲旅游、地质风光游、客家风情游为辅的旅游活动模式，以旅游业的快速发展促进城乡统筹发展。

（3）政府的规划、引领作用

作为地方政府而言，根据自然、人口、环境的总体均衡关系，合理规划旅游资源开发。在可持续发展的总体目标下，保护与开发互动展开，充分发挥特色旅游产业的边际效益递增性。政府通过财政贴息、费用补贴，引领、鼓励区域性金融机构参与老区重点工程建设，特别配套措施的建设中，建议财政投资优先进入基础设施领域。继续加强旅游业监管，完善健全旅游监管体系，维护消费者和经营者的合法权益，激励行业科学发展。进一步加强旅游从业人员职业培训，依托区域内陇东学院等高等院校完成从业人员的轮训，全面提升行业质量。

（4）生态环境的综合保护

鉴于庆阳地区深居内陆，地处干旱区的属性，在开发过程中需要加大保护

生态环境的力度，才能实现旅游环境的可持续发展。考虑旅游规划与经济建设规划结合，实现城乡社会经济全面、协调、可持续发展。以创建国家级生态城市和园林城市为载体，加强环境基础设施建设和景区建设，重点做好董志原黄土原面保护与综合治理及马莲河、蒲河流域综合治理和资源开发区环境监管，充分发挥旅游业污染小的属性，进行区域内环境修复工作。

（5）文化产业的重新考量

对于产业实体考虑扩大宣传，提升市场容量，继续在《读者》杂志、央视文化公益广告栏目等重大媒体上进行区域特色旅游宣传。结合地域特色和民俗、景区特色，举办区域性旅游节，集中进行旅游业实体推介工作。进一步完善庆阳旅游网等网络宣传媒介，加强网络信息服务工作，协同周边如陕西、宁夏、平凉、天水地区的旅游协作。

十五、甘肃省支柱产业体系的
构建思路及路径设计

(一)甘肃省支柱产业体系构建的总体思路

综合以上各类分析，可以拟定甘肃省产业体系调整的总体思路为在经济增长方式转变的宏观背景下，实现经济结构战略性调整，构建"以新兴工业化产业为主导产业、特色农业为基础产业、创新型现代服务业为第三产业，文化产业、区域旅游业和金融业为重要前景产业"的甘肃省支柱产业体系思路，探讨构建过程中所涉及的制度创新和制度变迁，以此完善和健全保障体系。

1.强调甘肃省现代农业的基础地位

针对甘肃省为传统农业省份的特点，基于政府部门"联村联户，为民富民"行动的深入开展，考虑充分发挥农业先天资源禀赋优势和比较优势，积极发展现代农业，重点做好陇药产业、民族特色食品加工、农副产品加工等特色农业的产业化推进。通过土地向适度规模经营集中，进一步转变农业生产方式，推动传统农业向现代农业转变。

2.工业主导性作用

在充分考虑甘肃省重工业基地的历史背景基础上，以工业作为甘肃省经济发展的社会基要函数，充分发挥区域的后发优势，以信息技术带动工业化，继续推进传统产业的改造升级和转型发展，积极发展循环经济和高新科技产业，实现区域经济社会可持续发展。

坚持走新型工业化道路，转变经济增长方式，提升产业水平。重点培育石化、有色、电力、冶金、煤炭和制造装备业等传统支柱型行业的现代发展，在改造提升传统优势产业的同时，着力把新能源、新材料、高端装备制造和新医药及生物产业等新兴产业培育成新的产业增长极和主导产业。

进一步进行产业集群发展，积极鼓励、引导现存工业向园区集中，走集约、集群发展道路，用新型工业化作为城乡协调发展的基本推动力量，推动城镇化进程，带动第二、第三产业发展，为甘肃省城乡统筹进一步发展做出推力。

3.积极发展现代服务业

以新的理念和创新带动甘肃省服务业水平不断提高，以旅游、文化、现代服务业为核心思路分析现代第三产业的新发展、新战略。在甘肃省构建华夏文明传承创新区背景下，重点推进甘肃省现代金融业和文化产业、创意产业和特色旅游业协同发展、互动发展，将以上诸元素作为新的经济增长点和经济发展前景产业进行培育和支持。

(二)甘肃省农业的适宜发展

农业是经济发展、社会稳定的基础。要以增加农民收入为目标，进一步强化农业基础设施建设，加快农村经济结构战略性调整，大力推进农业产业化，促进传统农业向现代农业转变。

总体思路：结合地域特色，发展特色农业，转变方式，发展现代农业。在现有特色农产品的基础上培育新品种，开发新项目，力争将河西、陇中、陇东、陇南和南部民族这五大地区都搞成有特色、有创新、有效益的农业产业化区域。

1.传统种植业向现代农业的转变

促进传统农业向现代农业的转变，进一步加强现代农业产业基地建设，向专业化、标准化、规模化、品牌化、集约化发展，构建优势特色农业发展格局和农产品加工产业园区和物流园区。

加强现代农业服务体系建设，加大现代农产品市场流通体系、基层农技服务体系、基层水利服务体系建设等，通过引进培养现代农业人才，提高农业科技成果转化率，为农业经济的发展提供支撑。加大农民教育培训基地建设。加强农民技术培训，提高农民的现代农业意识和从事现代农业生产能力。

重点做好临夏州、兰州市、白银市等沿黄河灌溉区，充分利用基础设施相对完善，交通条件便利等优越条件，大力发展高效农业、城郊农业，提高农产品加工水平。河西走廊绿洲农业区可充分利用资源条件好，农业经济发展较快，农业水平较高的优势，充分推进现代农业产业体系的建设，打造现代农业示范区，引领全省农业现代化发展步伐。陇东和陇南地区如平凉市、庆阳市、陇南市可以充分发展特色优势农业，建立名优农产品生产基地。

发挥区域特色优势，做好城市农业。发展蔬菜、花卉制种，中药材，水果，酿酒原料等生产业，发展黑白籽瓜、食用菌、黄花菜等特色产品生产，建立天祝白牦牛、早胜牛、河曲马、陇东黑山羊、河西绒羊等地方畜种资源标准化、规模化繁育体系。加快发展鲑鳟鱼、鲟鱼等特色渔业。

2.工业的工业化模式

积极扶持特色农产品加工龙头企业，重点培养品牌效应强、产业链条长、市场份额大、带动作用强的龙头企业，以工业化的模式发展传统农业，引进农产品深加工工业，延长农业产业链。

各地政府应大力实施帮扶政策，在政策上适当向本地龙头企业倾斜，促使其能快速发展。通过各种方式学习其他省区大型龙头企业培育的成功经验，加强交流帮助金融机构根据甘肃省龙头企业的地域、行业和规模特点，开发金融产品，合理设置信贷管理机构和贷款审批程序，形成符合实际的信贷管理机制。建立健全中小银行组织体系，学习借鉴其他省的经验，创办股份制的区域性中小银行或民间金融公司，为农业产业化龙头企业的创业提供融资服务。

立足资源和区位优势，加快发展特色农副产品加工业。要选好主导产业，大力推进农业产业化经营，尽快培育一批包括加工企业、批发市场和流通中介组织在内的上规模、上档次、能带动农户发展商品生产的龙头企业，紧紧围绕特色农副产品的加工，促进农副产品市场竞争力的提高和转化增值，带动农村产业结构的优化和升级。

要立足于结构调整、技术改造和资产重组，按照国家产业政策引导农副产品加工企业着重发展精深加工和规模生产，大力开发新产品，培育和发展优质名牌产品。要加大技术攻关力度，积极引进国内外先进的技术、工艺、设备，提高农副产品的加工水平。要推动民营企业积极兴办以农副产品加工、储藏、保鲜、运销为主的龙头企业。同时，要发挥小城镇连接城乡的区位优势，鼓励龙头企业、民营企业向小城镇集中，促进农村劳动力、资金、技术等生产要素的优化配置，推动农村经济全面发展。

3.传统农业的现代化

重点实施基础设施建设和农业新技术推广，提高农业综合生产能力。加强水利基础设施建设，通过兴建水利枢纽工程、水库、水利工程，修复病险水利设施，完善农田排灌体系，增加灌溉面积，对中低产田进行大规模改造，提升土壤的有机质含量和农田生产能力。

加强农业新技术的推广范围，通过推广节水技术、新型施肥技术，农业机械化生产技术等提升农业综合生产能力。如在旱作农业区推广全膜双垄沟播技术、全膜覆土技术。在河西灌溉区推广垄膜沟播技术，在全省推广测土配方施肥技术。对于一些机械化难度稍大的丘陵山地地区，研究推广适用于当地情况的小机械化、半机械化等，大力推广复式作业机械，推进农机合作机制，避免农机重复投资，使农机服务走向市场化、专业化。建立和完善灾害预警体系，提高地质灾害监测能力，从而提高农业防灾减灾能力。

深化农业科研体制改革，完善和健全科研体制，优化科研系统结构，探索科学、有效的农业科研推广应用体制。按照"高产、优质、高效、低耗"的农业发展需要，加强农业科研开发，加大农业科研投入力度。鼓励科技人员深入生产第一线，推广示范科技成果，同时及时解决农户在应用科技成果时遇到的问题。

4.农村市场的新扩展及组织建设

建立专项网络，促进甘肃农民专业合作社发展，筛选发展条件好的农民专业合作社，建立农民专业合作社综合服务信息网。通过在网页上开辟政策法规、实用技术、质量追踪、科技推广、农事农情、供求信息等栏目，实现合作社产品的网络销售。建立网上"农产品质量安全追溯体系"，引导农民提升农产品质量，使甘肃农产品直接走进超市，促进实现"农超对接"。

针对甘肃农业家庭式经营的特点，进一步挖掘潜力，引导农民根据市场需求优化种养结构。发展优势特色产业和优质特色农产品，提高农产品市场竞争能力，并建立多途径、多形式的产销机制。基于现有劳务结构，进一步转变劳务经济模式。开发全省劳务产业，如通过吸纳就业能力强、市场容量大的建筑业、制造业、服务业等，结合地方实际情况进行重点项目培育，优化现有培训体系，提高农民工的专业技能，使农村富余劳动力能有更多的就业机会，促进农民利用日光温室生产反季节蔬菜，是一种高投入、高产出的现代农业模式。

5.推进新农村建设及精准扶贫

新农村建设是农业经济发展的重大机遇，甘肃农业经济发展必须抓住这一重大机遇。在产业发展方面要加强专项规划，统筹发展，重点加强基础设施建设和公共服务体系建设。特别是对于少数民族地区、贫困地区、革命老区，尤其要把新农村建设摆在优先和重要位置，充分考虑利用城镇化基础设施、公共设施、生活服务设施等，实现辐射带动作用，提高周边地区的生产生活水平，改善农村生产生活环境。根据城乡一体化的要求，要不断推进城乡公共服务均等化建设，提高农村中小学办学条件，提高农村教育水平。并健全农村医疗卫生服务网络，提高农村公共卫生服务水平。

在融合推进"1236"扶贫攻坚行动、联村联户为民富民行动两大抓手的同时，坚持以精准扶贫的思路、机制和办法创新扶贫开发工作，改"大水漫灌"为"精确滴灌"，一乡一村、一家一户攻坚脱贫，稳扎稳打向全面建成小康社会目标迈进。

在扶贫内容精准方面，紧抓国家把公共基础设施建设作为新的投资重点、向西部倾斜的重大利好，推进通村道路、安全饮水、危房改造等建设，加快向贫困村延伸、向薄弱环节倾斜、向更高标准迈进。富民产业培育方面，壮大草食畜牧业、设施蔬菜、优质林果等特色产业，加快发展扶贫龙头企业、农民专业合作社、家庭农场、专业大户等，推进精深加工。用足用好"双联"惠农贷、妇女小额担保贷款的同时，将开发适应农时和不同产业发展需求的新产品。

公共服务保障方面，仅2015年力争贫困地区九年义务教育巩固率达到89%，标准化村卫生室覆盖率达到70%。能力素质提升上，抓住务工技能和实用技术两个培训重点，完成贫困地区劳动力职业技能培训20万人，使每个贫困家庭劳动力至少有1人掌握1门技能。

6.努力改善农业生产条件，优化区域布局

要把生态环境建设综合治理、退耕还林还草等工程的实施与高标准基本农田的建设有机结合起来，加强农业基础设施建设，积极开展人工影响天气工作，增强农业抗御自然灾害的能力。要稳定和保护基本农田面积，依靠科技主攻单产，增加总产，提高品质，保证全省粮食的有效供给、合理储备。

在区域布局上，河西地区要充分发挥灌溉农业的优势，重点发展优质商品粮、酒用原料、优质蔬菜、优质牧草、对外制种及沙产业。中东部地区要加快发展有利于保护生态环境的特色农业和旱作节水农业，大力发展加工型马铃薯、花卉、蔬菜、优质林果；南部地区要加大生态环境保护力度，恢复植被，加快发展药材、油橄榄等特色经济作物的规模化生产。

(三)甘肃省工业的实现路径

1.工业布局、行业结构构想

根据发展的理论和甘肃实际，区域内工业布局要结合21世纪长江中上游和陇海铁路线二级轴线沿线将会率先崛起的发展趋势，按照"突出中心城市的辐射作用，突出交通沿线的带动作用，线面结合，重点突破，协调发展，培育新经济增长点"的思路，沿一轴线（陇海—兰新线）带动两翼（陇南、陇东），重

点发展"西线"和东部"金三角"的点-轴开发模式，实行因地制宜、突出特色、分类指导、发挥优势的发展战略。

逐步引导加工型乡镇企业向优势地区的城镇集中。乡镇企业向城镇集中，不仅可以共同利用基础设施，获取聚集规模经济效益，而且还可以节约用地，减少环境污染，有利于第三产业发展，因此，甘肃省的加工型乡镇企业走向近期要适当向"西线东面"内的各中心城市集中，按照生态工业体系的要求来安排工业企业配置，力求做到环保要求配套，把三废消化在生产过程之中，形成绿色工业体系。

对甘肃具有比较优势的机械加工、有色等产业必须不断吸收应用新技术进行改造，提高原有工业素质，促进产业升级。对自然资源枯竭企业和产业，充分利用国家关闭资源枯竭矿井和兼并破产的政策，使其平稳退出。选择新的支柱产业，把具有科技优势和资源优势的生物医药、新材料、光机电一体化发展壮大成新的支柱产业。以多种形式推进国有资产重组，把国有资产集中在甘肃国民经济命脉的主要行业，真正培育起几个大企业集团，并鼓励和扶持中小企业发展，形成比较合理的产业组织结构。

2.甘肃省工业发展战略

根据域内各地经济发展，资源享赋、区位条件、基础设施状况，以"人无我有、人有我优、人优我特"的策略统筹兼顾，发展资源加工型特色工业，通过相互辐射带动，促进区域内各地之间优势互补，在更高层次上健康发展。

（1）改造提升传统优势产业

围绕石油化工、有色冶金基地建设，以中央和省属骨干企业为重点，结合实施产业振兴和国家老工业基地改造规划，依托资源优势和产业基础，积极引进战略投资，加大企业兼并、重组、合作力度，加快石油化工、有色冶金、装备制造、建材等传统产业改造提升步伐。加大省内资源勘探开发力度，充分利用国内外资源，优化资源配置，提高后续资源保障能力。按照有资源、有市场、有竞争力和可持续发展的原则，实施一批重大改造扩能和深加工项目，在扩大规模中实现改造提升，在产业延伸中实现产品结构调整，进一步巩固和壮大传统优势产业。

（2）培育发展战略性新兴产业

围绕新能源基地、石油化工基地、有色冶金新材料基地建设，以市场为导向、以创新为动力，突破关键技术，加快科技成果转化，做大做强化工新材料、有色金属新材料、稀土功能材料等产业，大力发展大功率先进风力发电设备、光伏电池等新能源装备制造业，积极推进数控机床、电工电器、炼化设备等成套化、集成化，促进高端装备制造产业发展，加快发展生物制药、现代中医药等产业，培育发展新的经济增长点。

（3）积极承接东部地区产业转移

抓住我国东部地区产业向中西部地区转移的重大机遇，发挥我省资源丰富、发展空间大、人力资源充裕的优势，结合特色优势产业发展，在优化结构、提高效益、降低能耗、保护环境的基础上，积极承接精细化工产业、有色金属深加工产业、具有先进水平的高载能产业、特色农产品加工、装备制造业领域的关联产业和配套产业、劳动密集型的轻纺产业、建筑卫生陶瓷为主的建材产业，承接发展电子信息、生物、航空航天、新材料、新能源等战略新兴产业，着力改善投资环境，提升配套服务水平，努力构建现代产业体系。

（4）加快发展现代高载能产业

围绕河西新能源基地和陇东传统能源综合利用示范基地建设，发挥能源和矿产资源丰富的比较优势，依托现有产业特色和技术人才条件，重点在电解铝、高纯工业硅、多晶硅、电石等领域布局建设一批具有国际领先技术、上下游一体化、循环发展的高载能项目，积极引进互联网数据交换中心等现代高载能产业，努力将能源和矿产资源优势转化为经济优势。积极引导现代高载能产业向能源要素相对集聚的地区集中布局，建设现代高载能产业园区，加大新能源就地消纳，促进煤电冶一体化发展，使现代高载能产业成为我省工业经济增长的新支撑。

（5）扎实推进循环经济和节能减排

按照"减量化、再利用、资源化"的原则，全面实施《甘肃省循环经济总体规划》，积极推进工业领域循环经济发展，提高资源利用效率。围绕矿产资源开发，实施多金属资源综合利用、贫矿、深部开采等工程，提高资源回收率。围绕石油化工、有色冶金等重点产业，大力改造提升生产工艺和技术装备，推进清洁生产，淘汰落后产能，严格控制能源消耗和污染排放，实现节能减排目标。围绕工业"三废"利用，加大资源综合利用和再生资源回收利用，建立废旧工业品回收利用体系，支持再制造产业发展。加快工业集中区生态化改造步伐，推进中小企业循环经济发展。

3.工业行业内部的发展策略

（1）能源工业

充分利用区域资源，依托老厂加快技术进步的速度，坚持"重点投入、精深加工、规模经济、行业带动"的原则，大力发展石油天然气化工，瞄准世界先进工艺技术装备，上规模，上档次。同时，发展地方二次、三次深加工，推进全省地方工业的发展。

积极做好对长江上游水力资源开发的前期工业，加快黄河小三峡水电站、九甸峡水利枢纽电站、洮河上游梯级电站的滚动开发，搞好火电厂的改建工程，积极开发天然气、水能、太阳能、风能等新能源和清洁能源，优化甘肃能源结构，并加快利用天然气的改造工业，合理开发利用青海、陕西的天然气。

（2）精细化工

依托"两兰"优势，大力发展石油天然气化工及其深加工，重点发展"1611"工程，加快实施刘化集团利用项目，大力发展有机化工原料和高浓度复合肥，扩建盐锅峡氯碱基地和白银纯碱磷酸盐化工区。

在加快传统精细化工产品结构调整和产业升级改造的同时，加大向精细化工新领域拓展的力度，着力提高生产工艺水平，按照深加工、系列化原则搞好配套。重点发展节能、低污染、专用功能型涂材料，高效、安全、低毒、低残留经济型农药，塑料，橡胶助剂，水处理剂，化学试剂及表面活性剂，油田化学品，日用化学品，医药中间体，电子工业用化学品。

（3）有色冶金

充分利用国家加快老工业基地改造的机遇，对金昌、嘉峪关、白银等资源型工业城市，推进产业替代战略。积极发展镍钛记忆合金、超磁致伸缩材料、低合金高韧性管线材、高纯稀土金属材料等，加快开发超高功率石墨电极、高品质新型碳砖、特种石墨碳素产品和纤维新型材料。同时，积极推进金川、白银、嘉峪关等老工业基地的矿山续建和技术改造，重点建设酒钢集团矿山与炼铜品种改造工程，强化酒钢钢铁生产基地的地位，加快对祁连山西段（铜矿、铅锌矿、金矿）、文县（铜、锌、富锰、金矿）、张掖地区小柳沟钨矿以及金川镍矿的深部资源的地勘工作。在实际操作中重点做好以下几个重点企业：

金川公司坚持技术改造、技术创新和技术引进相结合的原则，抓好接替矿山建设，努力降低采矿贫化率和损失率，研究合理的贫富兼采工艺，提高矿产资源开采、回收和综合利用水平。

白银公司加快厂坝—李家沟铅锌矿开发，提高原料自给率；建设白银铝厂二期5万吨电解铝工程，形成10万吨能力；加快原有老系统和西北铅锌冶炼厂铅系统的工艺技术改造，提高技术装备水平及技术经济指标，形成15万吨锌、7.5万吨铅的能力。

稀土公司加快对现有工艺技术进行改造，提高产品质量；引进新技术、新设备，加快新产品开发，调整产品结构，大力发展具有高科技含量、高附加值的深加工产品。重点对现有铈钕生产线、稀土金属生产线、稀土抛光粉生产线、稀土荧光粉生产线进行技术改造，扩大产量和提高产品质量，搞好15吨高纯氧化铈生产线建设。

（4）生物医药

巩固现有知名产品优势，扩大规模，进一步提高经济效益和市场竞争力。大力发展基因工程、发酵工程、新型生物制品、特色新药，挖掘传统名牌中药民族医师，研究开发特色中成药。尽快把该领域培育成我省一个独具特色的支柱产业。

利用中药材资源优势，使中药材由初加工向深加工、精加工转变，利用现代化技术，积极发展以地产药材为原料的中成药产品；加快现有企业的GMP改造，实现产业结构的优化升级。努力挖掘开发敦煌医药和藏医药，并加快产业化进度，使之成为甘肃省医药行业最具特色的药品。

利用产、学、研、医联合开发新产品的有效途径，实施科技兴药，瞄准国内外生物化学和生物工程的发展方向，努力提高甘肃省生物制药的生产工艺和技术。

以兰州生物制品研究所、佛慈集团、兰药集团、奇正集团等企业为重点，开发建设一批高技术含量、高附加值的生物制品，使已获得国家一、二类新药证书的口服痢疾双价活疫苗、A型肉毒结晶毒素、抗肿瘤药等新药尽快实现产业化；继续扩大抑肽酶注射液、胶囊、绒促性素、人工牛黄、奇正炎痛贴和现有名牌中成药的生产规模，认真做好重组注射用抑肽酶基因产品及中草药提取提纯的研制和开发，加快戒毒药"福康片"的达产达标，把应用现代生物技术改造传统生物制药工艺引入产业化，使生物工程成为甘肃省产业结构调整中最有发展潜力的经济增长点。建设兰州医药科技园。

（5）机械电子

机械工业是国民经济的装备部，是出口创汇、安置劳动力的主要行业。根据我省机械行业的特点，依靠科技创新，在机电一体化、小型化、智能化、数控技术普及化上下功夫，通过发展一批、引进一批、改造一批、建设一批、改制一批，淘汰落后工艺和产品，把优势产品搞大搞强，把特色产品搞专搞精，扩大出口。

充分利用兰州、天水机械制造的雄厚基础，走光机电一体化道路，重点发展电工电器、通信产品、环保设备、新型电机与电器产品、军用电子、新型节水灌溉设备与新型农用小型拖拉机。

在信息产业发展异常迅猛的当今世界，加快电子工业发展有着得天独厚的条件。我省电子工业在整体弱小的形势下，必须利用局部优势，把握时机超常规发展。

（6）新型材料

重点建设对铜、铝、铅、稀土等材料的深加工以及新材料、新建材的改造，主要发展特种金属材料及复合材料、特种化工产品、稀土材料、高性能塑料以及新型建材。

此处将黄金工业规划在内，重点建设礼县李坝金矿，加强玛曲格尔柯金矿、碌曲尔玛金矿、文县新关金矿、天水柴家庄金矿、肃北鹰嘴山金矿、安西塞山金矿和岷县鹿尔坝金矿的地质勘查和项目前期工作。充分利用国家的黄金开发政策，寻找先进技术，采用风险投资办法引资开发含砷金矿，加强环境保护。

（7）轻纺工业

加快企业改革步伐和有效资产的重组，依靠科技进步，利用市场空间，调整改造棉纺、毛纺工业，大力发展麻纺和制品业，依靠省内化纤原料和各地区的农副产品资源优势，发展劳动密集型具有地方特色的农副产品加工业和包装业，是我省轻纺工业的发展重点。

以三毛为龙头，主要生产高档面料，产业用纺织品和绿色包装品，力争把兰州作为纺织品出口基地。

农副产品加工业与农业产业结构调整、生产基地建设结合起来，求大、求特、求深，大力发展畜产品加工业、果品系列深加工、葡萄酒系列、玉米及淀粉系列、优质低度白酒系列、土特产、民族特色用品、宗教文化用品和旅游纪念品等为主导产品的加工增值体系，提高市场化水平。

利用甘肃幅员辽阔，地区差异大，复杂多样的农、林、副、草资源，因地制宜地发展农副产品加工业作为重点和方向。重点发展脱水蔬菜加工，同时充分利用糖厂破产后的可利用设施适度发展番茄酱生产，针对全省丰富的果品资源适度发展果汁深加工，大力发展国内独特的沙棘油、橄榄油、籽瓜汁、胡萝卜汁、软儿梨汁等绿色保健食品。

（8）建材工业

鉴于水泥是区域性很强的产品，所以必须坚持"控制总量、调整结构"的原则，认真贯彻"上大改小"和"限制、淘汰、改造、提高"的八字方针，坚决淘汰普立窑和年产4.4万吨及以下的机立窑，严禁搞以扩能为主要目的的技术改造。

要认真贯彻"控制总量、优化结构、开发新品、增进效益"的方针，强制淘汰小玻璃厂，重点发展玻璃深加工和特种玻璃。完成平板玻璃厂年产30万平方米钢化玻璃、27万平方米夹层玻璃等项目的技术改造。

在白银、武威或兰州选择一家有条件的企业，建设一条年产60万件的中高档卫生陶瓷生产线。以新型墙体材料和化学建材及制品为突破口，带动整个新型建材的快速发展。加快新型墙体材料项目的建设。

重点发展石棉精选、特种石棉制品、高强石膏粉、石膏制品、石墨制品、石材、活性白土等高附加值的深加工产品；改变单纯出售原矿的现状，力争在出口创汇产品上有所突破。

（9）国防工业

继续贯彻"军民结合、平战结合、军品优先、以民养军"的方针，确保军品优势，大力发展民品生产是我省国防工业发展的重点。

（四）全面推进现代服务业建设

1.总体思路及指导思想

在甘肃省十二届人大三次会议政府工作报告中，2014年甘肃全省实现生产总值6835.27亿元，第三产业比重10年来首次超过第二产业。加快第三产业的发展要立足于深化改革和对外开放，适应工业化和城镇化发展需要，着力培育和发展物流、旅游、金融、信息等现代服务业，不断提升传统服务业发展水平。

紧紧围绕省委、省政府"中心带动、两翼齐飞、组团发展、整体推进"区域发展战略和工业强省战略，以科学发展为主题，以加快转变经济发展方式为主线，以市场化、产业化、社会化为方向，把加快服务业发展作为产业结构优化升级的战略重点，大力发展生产性服务业和生活性服务业，改造提升传统服务业，突出发展现代服务业，积极营造有利于服务业发展的政策和体制环境，提高服务业比重和水平，增强服务功能，全面提升产业核心竞争力，为全省经济社会跨越式发展提供有力支撑。

2.制定发展规划

实践表明，产业规划与升级是当前和今后一段时期内甘肃经济实现可持续发展的关键环节和必要条件。第三产业作为经济社会发展的重要组成部分，必须根据甘肃实际，编制第三产业发展规划。该规划既要衔接平衡第三产业与第一、第二产业协调发展的关系；又要统筹规划、总体指导第三产业发展的战略、总量、结构、布局等；更要制定全省第三产业发展指导目录，找准重点，分清缓急，明确重点开发区域和重点发展行业，做到规划科学、布局合理、定位明确、特色鲜明、重点突出、操作方便，从而促进第三产业有目标、有重点、有步骤地全面协调发展。在此基础上，由有关部门编制商贸流通、交通运输、信息通讯、旅游、房地产等各种行业的专项发展规划；由各市州根据各自的地理条件、经济结构、资源优势和发展水平制定本地区的第三产业发展规划。

2.推进工业化进程，促进第三产业发展

从甘肃经济发展的特点及产业关联度来看，工业在今后很长时期内仍处于全省主导产业的地位。第三产业中的大部分行业是为第二产业服务的，第三产业的发展必须以强大的第二产业发展作为基础，没有第二产业的高度发展作为支撑，第三产业的过度发展，将会导致经济增长的泡沫化，降低经济运行质量。所以，必须要不断调整工业经济结构，提高工业经济效益，提高工业化水平，才能有效促进第三产业全面发展。

3.空间布局的进一步优化

保持各地区良好的、具有竞争优势的产业发展态势，注重全省各地区均衡发展。

金昌、嘉峪关第三产业发展处于弱势，但这些地区城市化进程较快、工业化程度较高，因此，这些地区要充分考虑发展金融、保险、教育与综合技术服务、各种信息咨询服务等行业的配套发展，提高这些地区第三产业内部层次水平。兰州、天水第三产业发展具有优势，但传统第三产业的比重较高，这类地区应调整第三产业发展内部结构以改造传统工业发展模式，重点培育具有区县特色的第三产业。

甘肃第三产业发展还处于起步阶段，必须实行"政府引导、社会投入、市场运作"的模式。政府要真正放宽、简化和废除不符合市场经济发展所需的政策，研究制订鼓励引导、积极扶持、促进第三产业稳步发展的政策。要坚持"谁投资、谁所有、谁收益"的原则，鼓励社会力量投资兴办各种所有制组成的第三产业企业，鼓励集体、个人、外资等以资金、房产、设备、技术、信息、劳务等多种形式投入第三产业，实现第三产业发展机制上的根本转变。要通过银行贷款、企业投放、社会集资、引进外资、政府贴息等手段，逐步形成多渠道、高层次的全社会三产投入体系。

立足资源禀赋、现有产业基础和区域发展趋势，坚持"功能定位、合理布局、集聚发展、整体推进"的原则，优化产业布局，构建"一核、一带、五组团"的服务业发展格局。

"一核"。利用兰州在交通、物流、金融、人才、信息等方面的区域中心地位，发挥优势，以兰州为重点，把兰白经济区打造成现代服务业的核心增长极，培育西部区域性金融中心、西北交通枢纽、区域性商贸物流中心、会展中

心、区域性旅游集散中心、文化创意产业中心、西北人口信息中心。建设有色金属新材料产业和研发基地、兰州农村劳动力转移就业培训基地，突出发展科技信息、金融保险、文化创意、会展、现代物流、商贸流通、高技术农业服务等现代服务业，引领全省服务业加快发展。

"一带"。发挥甘肃是连接欧亚大陆桥战略通道和沟通西南、西北交通枢纽的优势，加快西陇海—兰新经济带通道经济发展，依托兰州、酒泉、嘉玉关、天水、张掖、平凉等综合运输枢纽，整合物流资源，建设区域性现代物流基地，着力构建"一主五副、两大重要节点"的物流业发展格局。到"十二五"末，基本建成分工合理的物流节点体系，科技信息、金融保险、工业设计、文化旅游、农业服务等服务业发展集聚带和丝绸之路文化产业带。

"五组团"。根据服务业集聚程度和辐射带动能力，兼顾产业发展优势，打造各具特色的5大区块，促进区域联动、整体推进。其中，酒嘉组团要发挥钢铁、新能源、现代农业等特色产业优势，重点培育不锈钢、新能源和新型高载能产业服务体系，大力发展现代物流、科技研发、金融服务、文化旅游、现代农业生产配套等生产性服务业，打造全省不锈钢和新能源产业服务基地、区域性金融服务基地、文化旅游基地、区域性交通枢纽和物流中心以及对外开放陆路口岸。天水组团要结合实施《关中—天水经济区发展规划》和建设先进制造业基地，发挥大通道、大流通作用，强化区域中心城市服务和带动功能，重点发展装备制造研发、文化旅游、特色高新农业技术开发、现代物流等服务业，将天水建设成为区域交通物流中心、文化旅游基地和西部重要的先进装备制造业服务基地。金武组团要突出发展有色冶金技术、现代农业生产配套等科技服务业，打造全国贵金属交易中心、西部有色冶金新材料研发基地、西部现代煤炭物流中心和全省重要的农产品加工服务基地。平庆组团要围绕石化、煤炭、煤电一体化产业配套服务，大力发展文化旅游、特色农产品深加工服务和现代物流等服务业，打造大型能源化工产业服务基地、文化旅游产业基地、平凉养生基地、特色农产品深加工服务基地和陕甘宁区域现代物流集散中心。甘临组团要发挥连接少数民族地区和青藏高原的独特区位优势，围绕民族特色产业发展，重点发展商贸流通、民族文化、风情旅游、民族用品加工服务等特色服务业，打造辐射甘、青、新三省毗邻区域的少数民族特需用品物流集散中心、少数民族文化旅游服务基地。

4.现代服务业的优先发展

积极发展房地产业和金融保险业，此行业在第三产业中所占比重越来越高，贡献率逐年增大，相对生产率在各行业中较高，同时就业吸纳弹性也高。

甘肃各市县大部分都处于城镇化建设新时期，对房地产需求日益扩大，应在国家政策允许的范围内支持房地产业的发展，促进经济发展，扩大就业，完善城市功能。金融保险业对于生产、生活的服务功能越来越强，要增强金融机构的竞争力，健全完善金融体系。继续保持交通仓储邮政业和批零餐饮业的主导地位，交通运输仓储邮政业和批零餐饮业近年来一直是产值比重和贡献率较高的行业，吸纳就业也多，在第三产业中处于主导地位，其地位应进一步加强。

（五）文化产业的全面建设

1.政府主导，采用多种渠道，促进文化产业全面建设

文化产业是资金密集型产业，近年来，甘肃政府加大了对文化产业发展资金投入的力度，但与发展所需的资金相比，仍显得尤为不足。目前，甘肃文化产业投资仍然以政府投资为主，为改变这一局面，促进甘肃文化产业投融资，为甘肃文化产业的发展提供强有力的资金支持，具体可以从以下几方面去做：

（1）促进文化产业的投资主体多样化。对于文化产业的投资，不能仅仅依靠政府的投入，应广泛地吸引民间以及境外资金，放宽其对文化产业的投资限制，降低进入的门槛，并给予一定的税收、贷款等方面的支持，不管对方是私营企业还是国有企业，保证其待遇的公平性，给投资方更大的自主权，吸引更多有实力的企业投资甘肃的文化产业。

（2）甘肃拥有丰富的历史文化遗产，又是红色革命区，因此，可以通过吸引民间以及外商资本进入到这些文化资源的开发中来，给予更多的优惠政策，积极鼓励民间集体、个人和外商参与进来，同时对于那些需要技术支持的企业来说，相关部门要尽可能地满足他们的需要。

（3）由于国外文化产业的发展与国内相比较为成熟，甘肃可以根据其实际情况积极地开展与国外先进文化企业的合作，借鉴其先进的技术和管理经验，同时还可以利用其所拥有的先进的营销渠道和所占有的市场，增强甘肃文化企业的竞争力。

（4）文化产业中多数行业都属于高风险高回报行业，因此应该加强对文化产业投融资风险的管理。一方面，甘肃政府要督促在甘的文化企业加强内部管理，完善各项财务以及风险管理制度，从自身做起提高企业的信用等级。另一方面，甘肃政府督促并监督金融机构做好文化企业的评估工作，并进一步促进文化企业和银行的合作。

2.围绕地域和民族特色作为发展的突破，以创意产业为后续发展

甘肃文化产业发展应该依托品牌，深化地域特色，甘肃举世瞩目的三大文化品牌敦煌、读者、牛肉面都有它深刻的地域文化精神象征，分别代表了甘肃文化的历史、精神和大众三大方面。甘肃各地的文化资源本身就具有非常突出的地域特色，打造文化品牌、深化地域特色应该成为发展文化事业、振兴文化产业的首选之路。

甘肃拥有丰富的民族文化资源，是与其他省份区别的特色优势，针对甘肃实际，可以通过市场主导，选择最具民族特色的项目为突破口，并对其重点资助，使其能以点带面，形成以其为中心的相关产业集群和市场发展布局。在民族区域内文化资源较为集中，民族文化底蕴深厚，可供开发文化产业的城镇，尤其是民族特色城，加速其城市化的进程，在确保其文化特色的基础上，为其注入更多的现代文明成分，使其向国内外较有影响的民族特色城发展。

创意产业作为文化载体与科技制作的结合，近年来文化创意产业已备受发达国家重视。甘肃从广义上讲文化资源很丰富，但现代文化产业发展最需要的创意却相对稀少。有些文化遗产正是因为缺乏新的创意和创意产业实体的支撑而无法由资源转化为产业。这些文化遗产急需从文化创意的角度去策划和投资，去发展实体。

3.培育为地区服务的高素质文化产业人才

根据国外文化产业的发展经验，文化产业的不断发展在很大程度上依赖于高水平的文化创作、生产、经营以及管理人才。甘肃省应该根据自身的实际情况采取以下措施来充实其文化产业的人才库：

（1）目前，甘肃文化产业从业人员中最缺少的是懂得专业以及经营管理的高素质综合性型人才，因此，甘肃应该有针对性地培养和引进包括文化传媒、会议展览、文化休闲娱乐、文化贸易等领域的高层次人才。此外，文化企业以及文化产业的相关部门可以和一些高校或者研究院进行合作，采用委托、定向培养，交流、进修等方式，根据自己的需要来培养人才，这样才能够尽快拥有更多的实用性比较强的人才。

（2）各地都会有一些技术水平非常高的老艺人，这些人都是宝贵财富，对于他们不能忽视，政府应投入力量，培养一批民间艺术的继承人，保证这些优秀民间艺术的传承和发展。

（3）对于那些具有较高综合素质的优秀人才和文化产业急需的人才，甘肃

政府应该在工作以及生活等方面给予他们一定的优惠,争取留着这些人才。此外,甘肃的文化企业还可以采取聘请专家、采取项目合作的方式,争取到更多的优秀人才为甘肃文化产业发展贡献力量。

从长远发展需要来看,甘肃文化产业的振兴还是要立足于自己培养急需、实用和高水平人才。文化产业不仅需要文化人才,也更需要创意人才和经营人才,特别是后者是我们发展文化产业最紧缺的人才。这就要从大专院校的专业设置、课程设置和职业培训抓起。同时,文化产业的高端策划、理论研究、政策制定和现代管理人才也是需要引进、发现和培养的。

4.与旅游业紧密结合发展

与文化产业相关产业的发展水平的提高对于文化产业的发展具有非常重要的意义和作用。旅游产业和文化产业有非常密切的联系,甘肃发展旅游产业,应建立完善的旅游资源开发体系,充分开挖甘肃的文化资源,同时加大甘肃旅游产品和服务的宣传力度及创新力度,完善旅游类企业的经营与管理。

(四)旅游业的新兴发展

旅游业作为典型的绿色产业、朝阳产业、新兴产业,发展旅游业不仅有利于甘肃自然、历史、人文、科技资源的充分发挥,降低物资消耗、减少环境污染,而且有利于提高人们的综合素质,增加社会就业,在更高层次上满足人民群众日益增长的精神文化需求,加速实现经济发展方式的转变。

总体思路:以系统工程的角度进行旅游业发展,围绕旅游资源开发、旅游生产力建设以及旅游生态环境的保护。要以市场为导向,以资源为依托,以产品为基础,以效益为中心,变旅游资源优势为经济优势。

1.继续发挥政策优势

以《国务院办公厅关于进一步支持甘肃经济社会发展的若干意见》(以下简称《若干意见》)作为指导,不断壮大甘肃旅游业,继续充分发挥政策优势,正确处理旅游发展与环境改善的关系,积极倡导绿色旅游、生态旅游、低碳旅游,在不断加速旅游产业发展的同时,加强环境保护、生态保护和文物保护。理清旅游发展与资源开发的关系,大力推进旅游与文化、体育、农业、工业、林业、商业、水利、环保、气象各业的融合发展,积极培育旅游产业新的业态和消费热点。适度开发,要从甘肃当前实际出发,尽可能加快发展速度,同时更要注意提高发展质量,努力实现经济、社会、生态的可持续发展。

2.在传统观光游的基础上，发展山地游

山地旅游可以作为甘肃旅游业重要的选择。首先，从建设旅游强国的角度看，如果我们没有价值观，没有文化支撑，跟在别人后面亦步亦趋，我们永远成为不了旅游强国。从中华文化的角度看，我们是一个山地文明的国家，我们历史的发展不是以海为背景的，而是以山为背景。因此，如果我们跟在别人后面，必然是鹦鹉学舌式的旅游发展模式，而当我们从山地文明的角度看，以山为核心发展中华旅游文明的话，甘肃有特有的优势。其次，甘肃南部是祁连山，北部是内蒙古高原，大致是一条夹在两山中的山谷地，其文化是典型的山地文化。再次，以山地文化为核心，新开发的雪山、高山草甸、藏族风情（裕固族等）、冰山、山地草甸、戈壁越野等，甚至气垫船旅游都有了统一的支点，都可容纳到山地文明旅游之中。

3.基础设施的进一步完善建设

甘肃的旅游资源固然很丰富，但我们也可以看出它们的分布是点多面广，热点相对集中。淡季和旺季的差异非常明显。给交通运输带来了莫大的压力。

目前，甘肃省深入开展的旅游景区往往在非常偏远的山区，交通、文化和服务都比较落后。甘肃旅游经济要得到快速的发展，必须借助开发大甘肃的契机，修好通往旅游区的铁路、公路。条件好的、客源丰富的，还可考虑建旅游航线。同时，要完善旅馆的住宿条件，提高旅游者的满意程度；建立信息网络，让游客及时了解旅游景区的最新动态，及时调整旅游计划，使旅游者满足多方面的、多层次的需求；跟进相应的旅客需求的各种配套设施，提供个性化的服务。各级政府应把本区域内的旅游基础建设放到经济建设总规划中统筹考虑，使甘肃旅游业在甘肃大开发中扮演它应该扮演的角色。

4.基于地方的旅游人才培养

强化人才支撑，实施人才工程建设，建立一套适合甘肃旅游业发展的人才培养和开发机制，努力发现、加快培养、积极引进、合理使用旅游人才，使人才在数量、质量、结构和布局上与甘肃旅游业发展相适应，为提升旅游业的新兴发展提供坚实的人才保障和智力支持。

依托甘肃地方文化部门培训中心、高等院校、文化企业以及社会培训机构丰富的教育资源，采取委培、代培、岗前培训、外出考察学习等灵活多样的方式，有计划地、分层次地培养不同层次的旅游人才，不断提高从业人员的整体素质。

　　针对周围陕西和四川均为旅游强省的现象，拓宽人才引进绿色通道，积极引进各类急需的文化经营管理人才、营销策划人才，尤其是懂旅游、善策划、会经营的复合型人才，真正实现以人才推动甘肃旅游业的新兴发展。

　　加快建立有利于各类优秀人才成长和脱颖而出的激励和评价制度，以形成人才辈出，人尽其才的良好局面。

5.新兴工业游

　　甘肃作为老工业基地，针对工业遗产和遗存丰富的实际情况，必须将旅游与工业景点进行循序渐进地开发与结合，发展工业游。充分发挥现工业基础优势，处理好发展与资源、环境、人口之间的关系。既能够保证游人充分领略和体会工业旅游的底蕴，获得心理满足，又不能对工业企业的生产和环境产生消极的影响，生产旅游两不误。

十六、甘肃省城乡统筹发展的动力机制构建

甘肃省城乡统筹发展的总体目标是构建城乡融合、共同繁荣的新型城乡关系，就是要破除旧有的农业支持工业、农村支援城市的工农关系、城乡关系，形成城乡融合、共同繁荣的新型工农、新型城乡关系。

由于统筹城乡发展涉及的微观与宏观、时间与空间等不同层次，涉及经济、社会、文化、生态等不同领域，涉及制度、组织、激励能力等不同方面。从微观角度看，统筹城乡发展要促进城乡生产要素的双向流动、城乡公共资源的均衡配置，即改变以往生产要素从农村单方面大规模流向城市、公共资源集中在城市配置的局面。从宏观角度看，统筹城乡发展要达到城乡经济一体化、城乡社会一体化以及两者的有机融合，从时间角度看，统筹城乡发展要在21世纪中叶提高城乡经济社会发展总体水平，优化城乡经济社会结构，包括城乡产业结构、就业结构、人口结构和收入结构等。从空间角度看，统筹城乡发展要优化城乡产业和要素空间布局，形成城市是现代的城市，乡村是现代的乡村，城市和乡村相互补充、和谐相融的新空间格局。针对于此，其动力机制的构建从以下三个方面考虑：

(一)以产业新调整为支撑

纵观中国东部发达地区实现城乡协调发展的经验，无不与产业结构的调整存在关系。如苏州在城乡统筹发展过程中努力协调大三产业的发展，尤其实行第二、第三产业的合理配置，以打通城乡劳动力市场，增加农民收入；青岛也在其城乡统筹"四个集中"中关于工业项目向园区集中明确提出，加大郊区工业园区的整合力度，积极鼓励工业项目向工业园区集中，推进工业园区的产业集聚和人口集聚，走规模发展的道路，全面提升郊区的产业水平。可见，如果没有产业发展的支撑，劳动力就无法转移，城市化也便成为空中楼阁，从而城乡的协调发展也就无法实现。

1.传统产业与现代产业的融合

根据上述对甘肃省城乡二元差异的基本定量测度，要明确选择城乡统筹发展的路径，首先明晰目前所处的发展阶段和特点，及时调整传统产业结构，在充分考虑城乡二元经济结构的基础上，以工业化的思路积极发展现代农业。

作为典型的欠发达区域的甘肃省，统筹城乡发展从本质上来讲要借助城乡三大产业的融合发展，软化现存城乡二元结构，进一步加强城镇对农村的正效应和农村对城市的辅助效应，实现城乡互动共进、融合发展。

针对区域内农村落后欠发达的特点，统筹城乡融合，要在考虑省内农村先天禀赋的基础上，调整产业结构，培育和发展特色优势产业，对于小田农业充分发挥设施农业、循环农业、特色养殖业，对于大田农业要借助劳务经济和工业化的思路，积极鼓励土地流转，实现土地集中，向规模效应发展。

2.作为先进产业的工业要实现反哺农业的制度创新

目前，宏观层面早已开始着力解决城乡二元结构不合理的现状，对于城乡发展不平衡问题比较突出的现状，必须坚持以工促农、以城带乡的长效机制，为工业反哺农业增强物质基础，加大工业对农业、城市对农村的支持力度，顺应现阶段农村改革发展的形势，开创农业现代化和城乡一体化的新局面。要进一步重视"三农"问题，加大对"三农"的支持和投入，提高农业产业化水平，加快城乡一体化的进程。

3.工业与农业关系的再次界定

目前，现代工业和混合农业是区域经济中最重要的组成，同时也是城乡互动发展机制设计的基础。必须正确理解工业和农业的支撑关系，再次进行合理布局，以解决三农问题为核心，调整和优化农业内部小农业产业结构。大力做好新型农业从业者技能指导和培训工作，以现代农业为基点，提高传统农业科技投入。

在发展现代工业时，可以在现阶段优先发展收益率高于传统农业的劳动密集型产业，在短期可以考虑发展门槛相对较低的建筑业、农副产品加工业、劳动密集型制造业等，以增加传统工业对劳动力的容纳度，扩大第二产业的就业比重。

4.重点发展区域特色的第三产业

根据甘肃省内农村地区的属性，大力开发特色乡村旅游业。乡村旅游业作为现阶段新兴行业，在甘肃县域中具有先天禀赋。目前，甘肃省半数以上旅游景点位于乡村地区。发展区域内乡村旅游业，不仅利于解决"三农"问题，更利于工农业平衡，实现区域内城乡互动发展。

如庆阳地区深居内陆，地处干旱区的属性，在开发过程中需要加大保护生态环境的力度，才能实现旅游环境可持续发展。考虑旅游规划与经济建设规划结合，实现城乡社会经济全面、协调、可持续发展。以创建国家级生态城市和园林城市为载体，加强环境基础设施建设和景区建设，重点做好董志原黄土原面保护与综合治理及马莲河、蒲河流域综合治理和资源开发区环境监管，充分发挥旅游业污染小的属性，进行区域内环境修复工作。

对于产业实体考虑扩大宣传，提升市场容量，在区域内宏观层面进行旅游资源整合，继续在《读者》杂志、央视文化公益广告栏目等重大媒体上进行区域特色旅游宣传。结合地域特色和民俗、景区特色，举办区域性旅游节，集中进行旅游业实体推介工作。进一步完善庆阳旅游网等网络宣传媒介，加强网络信息服务工作，协同周边如陕西、宁夏、平凉、天水地区的旅游协作，从质量上提升旅游业实体。

5.主导产业的适宜选择

长期以来，传统经济学理论在城乡统筹发展的模式选择中，主要借助工业化带动区域经济的整体发展，以工业反哺农业，以工业的快速增长来实现区域统筹发展。考究庆阳地区，工业虽然增长迅速，经济总量也较大，但主要靠长庆油田进行产业组合，其对地方经济的发展更多地体现在税收上，可以合理地选择传统产业和现代服务业作为城乡统筹的产业支撑进行培育。

6.在产业调整时，还需要注意以空间分类为指导

以空间分类为指导，即甘肃各地应根据自己的实际情况，分散决策，进行多种探索和寻求不同发展模式。就甘肃城市与农村发展均落后的特殊省情而言，发达地区的先进经验只能借鉴，而不能照搬。就甘肃不同区域的不同经济发展路径来说，坚持分类指导，不搞"一刀切"，各地根据条件自主选择思路、战略、模式、政策和对策。

经济发展较好、人口也相对较少的河西地区应该以政府的统筹规划为主，强化城镇体系建设，合理布局城镇，注重促进相邻城市间、城市与境内或周边单位间的空间关联及近邻集镇的融合，运用现代化的生产技术提高土地经营水平，逐步实现农业的产业化经营。

区位优势明显的中部地区，应积极发挥兰州、白银作为老工业基地在资产

存量、技术、人才、知识、信息等方面所具有的优势，改造提升传统支柱产业，大力培育高新技术产业和现代农业，逐渐形成以兰州、白银为中心的中心城市带动型的城乡协调发展模式。

经济基础薄弱、经济发展受自然因素制约的甘肃南部、东部地区，应充分发挥在马铃薯、中药材、果品、小杂粮等种植上的优势，大力发展乡镇企业，发展特色农业，发展旅游业，努力实现"农业工业化"，形成自下而上的乡镇企业带动型的城乡协调发展模式。在进行经济建设的同时保护当地生态环境，使人与自然协调发展。

(二)以新型城镇化为主要推力

中国虽然拥有较高的城市化速度，城市化水平与世界城市化差距逐年缩小。但是中国的城市化的质量并不高，城市化不仅滞后于工业化，而且城市结构不合理，城镇体系不完善，大中型城市人口过密等城市化进程中的质量问题一直没有得到有效改善，最终导致中国的城市化与城乡一体化的脱节，大城市取向明显，城镇化战略摇摆不定。

甘肃需要关注城市贫穷和城市脆弱问题，甘肃城市化在增加量的同时要注意质的提高，要从城镇化的速度目标取向转向质量目标取向。中国式的城镇化，其实是一种不真实的准城镇化，这种城镇化的"夹生饭"在甘肃也有着相同而典型的表现，为了提高城镇化质量，就要追求一种更为真实的城镇化。

在总体上，要消除妨碍城市化质与量提高的制度性障碍，除了破解户籍制度等的不合理约束外，还需从城乡市场统一的角度，规范地方政府行为，促进城乡各要素的有序流动。充分创造各种条件，鼓励甘肃城乡人口的自由双向流动。进一步完善财税体制，增强省市地方提供城乡公共的服务能力。中央和甘肃地方的各项支农惠农转移支付应以农民的实际居住地为依据。城镇化的过程牵涉到纵横各方利益，为此需要加快甘肃城市规划步伐和水平，充分实现城乡规划的一体化。

1.重点做好扶贫攻坚工作

以城乡统筹为基础积极推进新型城镇化进程，借助城镇化水平的提高，提升农业人力质量和收入水平，改善农村生态环境。借助城镇化演进，促使先进的生产要素向农村地区正向溢出，逐步缩小农业部门与现代部门劳动生产率的水平差异，在技术层面消除城乡二元结构。

大力做好扶贫攻坚，改变传统扶贫机制，重点考虑通过加强基础设施建设路径做好扶贫工作，借助国家投资向农村基础设施转移契机，加强区域内农田水利建设，提高旱作农业综合生产能力。不断加强农村道路、生态环境建设，重点做好道路硬化、自来水入户、农户通电、电话入户、网络工程和农家书屋等惠民工作。

2.大力推进新型城镇化建设

新型城镇化作为农村剩余劳动力转移的重要途径，不仅有利于区域内科学的城市规划、建设和管理，更有助于城镇产业发展，增加区域增长极。同时，大力推进以人为核心的新型城镇，对于土地的集约利用和生态环境的协调、保护起到重要作用。尤其针对甘肃省此类地处欠发达区域的农业省份而言，新型城镇化是区域内广大落后农村摒弃传统农业经济，走向城乡互动发展的重要途径。

3.市场、政府联动，不断提升城镇化水平

在2015年甘肃省城镇化率为43.19%，比2014年提高1.51%，但仍然显示出城镇化率低，对农村剩余人口吸收不足的特点。应该在适度的范围内积极引导人口的迁移和有序的流动，不断提升甘肃城镇化水平。甘肃区域内城镇特色产业优势不明显、产业培育不足，在一定程度上阻碍了农村剩余劳动力向城镇转移，进而对区域内城镇化水平起到负面影响作用。

必须坚持走中国特色新型城镇化道路，根据区域自身特色，不断提高甘肃城镇化水平，在培育、建设兰白都市圈、关中-天水经济区等大型城市区的同时，要根据甘肃内部的特点积极进行小城镇建设，以市场为导向，在现有集市的基础上培育区域性的城镇，推进城镇化水平上升。

4.重点做好民族区域的城镇经济发展

目前，甘肃省民族区域经济总量、全社会固定投资不断增长，高于甘肃省平均水平，但在整个统计口径中，民族地区经济总量所占份额不到全省的10%，同时民族地区的城镇化水平还很低。

甘肃民族地区的城镇主要在传统的集市基础上不断演变而成，民族地区传统经济对区域经济发展起到主要的支撑作用，且由于人口不断增加，土地、资源过度消耗，民族区域内生态环境恶化现象比较明显。可以在区域旅游业发展迅速的局面下，充分考虑先天农业资源优势发展畜牧业和少数民族特色经济，以传统工业为支撑，发展少数民族农业品加工业，以特色产业的发展带动民族区域城镇经济的发展。

5.结合实际，推动中小城镇的发展

要大力推动中小城镇的发展，中国的城市结构失衡严重，大城市与穷乡僻壤两极化，缺乏中间地带的承接和缓冲。甘肃要着力纠正名义上高度重视小城镇发展，而实践上政府投入向大城市重点倾斜的做法，从"重点发展小城镇"向"发展重点小城镇和中小城市"方向转变。小城镇建设应本着科学规划，合理布局，积极培育、壮大农村集贸市场，大力发展第三产业，逐步形成小城镇发展坚实经济基础的原则，稳健扎实地推进农村城镇化进程。针对现阶段甘肃城市化的特点，要充分发挥行政力量在调动全社会人力、物力、财力方面的优势。注重特色，突出优势，点面结合，以兰新高铁、陇海、兰新线和包兰、兰青线为依托，形成合理的大、中、小城市体系。必将能够充分发挥其中心城市和城镇的辐射带动作用，促进全省区域经济和城乡的协调发展。

(三)政府主导的制度保障

1.借助政策优势，着力提高居民收入

目前，对于甘肃而言，最利好的政策优势就是丝绸之路经济带和兰州新区、华夏文明传承区建设，虽然近年城镇居民增长幅度较大，但与发达区域相比较落后很多，在2014年城镇居民收入为全国垫底。如何借助政策优势，在共同建设"丝绸之路经济带"的背景下，着力提高城镇居民收入，是甘肃城镇经济统筹发展的首要任务。必须在基于丝绸之路经济带甘肃黄金段打造视角下，以传统产业升级、新兴产业培育、战略产业支持为核心，坚持传统、现代产业互动的原则，促进城乡产业融合、协调同步发展，增强产业深度和关联度，努力提高居民收入。

2.基础设施的全面提升

基础设施建设是支撑和保障城乡社会经济活动运行的基本要素，是实现城乡统筹发展的基础。因此，无论发达国家还是发展中家都很重视在公路、铁路、港口等的投入。譬如，德国不仅重视大中城市间的铁路、高速公路相通，而且十分重视城乡间的公路连接，近年来更是认为提升城乡交通层次是推进城乡一体化的重要途径。日本在工业化的中后期，则由中央和地方政府通过财政拨款、贷款等形式，强化城乡道路建设，加强城乡联系。而在农村基础设施建设方面，各国普遍采取公共财政支出、低息贷款、发行债券等形式加大对农村

道路、水利、农民住房、自来水等基础设施的投入力度，一方面改善了农业生产和农民生活条件，另一方面又使农民收入增加，有利于缩小城乡差距。

改革开放以后，随着对基础设施对经济增长发挥巨大作用的认识的不断深入，甘肃也加大了对基础设施的投入，但这些投入的城市偏向十分严重，而对农村投入比重过低。在城市基础设施为城市经济的发展发挥促进作用的同时，农村基础设施的不足则成为农村经济发展的桎梏。面对农村在电力设施、道路、电话、医疗保障等公共设施方面远远落后于城市，并在公共产品的使用方面存在严重的价格歧视问题，甘肃应该积极促进城乡基础设施建设，尤其是农村地区的基础设施建设。

加大城镇基础设施建设力度，推进供热、供水、排污、供电、通讯等基础设施建设，完善市容、市政设施，提高配套服务能力。加强城市交通、排水、供气等基础设施建设和管理，增强城市功能，提高城市品位，为产业和人口集聚提供平台。积极推进县城、重点乡镇住宅小区建设，引导居民集中居住。推动城市公共设施向重点乡镇和重点村延伸。大力推进城乡路网建设，实施城乡公交一体化工程，全面改善农民出行条件。加快实施农村饮水安全工程建设和农村环境整治，推进农村节能减排，加强城乡绿化美化一体化建设。重视传统农业的现代化改造、农业结构调整及农业园区、特色农产品基地建设、农产品防疫检测安全体系建设以及农村能源利用等农业公益设施和生态环境建设等，以此来均衡城乡经济社会发展水平。

同时，借助以丝绸之路经济带建设和国家精准扶贫契机，加强农村生态环境建设。由于甘肃特殊的生态环境，基于丝绸之路经济带甘肃黄金段打造和在精准扶贫视域下，要着力加强贫困地区的生态环境建设，加强生态脆弱的地区退耕还林还草、防风固沙工程、植树造林、水土保持工程。

3.加快户籍制度的改革，建立和健全城乡社会保障体系

促进城乡人口合理流动，传统户籍管理制度的弊端就是把户口与社会福利、社会保障、医疗教育相挂钩，把户籍作为社会资源配置的首要依据，也是权利义务分配的重要标准。由于二元户籍制度的存在，使得农民进入城市之后，没有取得与城市居民一样的身份待遇，依然是区别对待的。

要打破城乡分割，就要建立按居住地划分统一的户籍管理制度，剔除那些与户籍相挂钩的就业、教育、住房制度，把住房和生活基础作为落户的标准，逐步实现人口的自由流动，改变传统的二元户籍制度，构建城乡一体的户籍管理制度。

目前，甘肃省的社会保障制度中农村与城市之间的社会保障差距很大，不

能相提并论，农民的养老问题、失业问题、看病问题以及意外伤害等问题还是比较突出。逐步推行农村最低生活保障制度和农村养老保险制度。根据当地的经济发展水平和实际情况，确定合理的保障标准以及保障范围，对农村各项社会救助制度进行统筹全面考虑，使得社保资金能够切实落到实处，提高资金的利用率。建立针对农民工的社会保障制度，农民工为城市建设和发展做出了巨大贡献，重视农民工的医疗、失业、养老、子女教育等问题的解决，针对农民工流动性强等特点，做好相应的社会保障工作，对于改革发展和和谐稳定的全局具有重要意义。

（四）以"三农"新建设为核心

农业为工业的发展提供原材料和物质基础，是工业发展的基础和保障。要重视对"三农"问题的解决，加大对"三农"的支持和投入，提高农业的产业化水平，让广大农民和市民一样平等地享受到社会经济发展所带来的好处，加快城乡统筹发展的进程，合理调整国民收入分配结构。

1.要加大对农业的投入，提高财政支农的支持力度。要坚持对农业"多予、少取、放活"的方针，加大对农业生产的投入，积极推进农业产业结构调整和农业的产业化经营。目前甘肃省农业投入水平不能满足实际农业发展的需要，农业投入来源主要是国家财政拨款和当地政府补贴。要积极探索新的资金渠道支持农业发展，如税收政策、农户小额贷款、财政转移支付、补贴、项目扶持、龙头企业带动等，加快农业发展。

2.优化农业产业结构，整体提升甘肃现代农业科技水平，增加农民收入。大力推广先进农业科技，推广先进、实用、成熟的农业技术，培训农民，建立科技示范村、科技示范户，加快推进农业机械化，加强农业的物质装备能力建设、大力推广小型农用机械，对农民购置大型农机进行补贴，完善农机服务机制。加强乡村人力资源开发，提高乡村人力资源的竞争力，采取多种措施培训乡村人力资源，增加农民收入。

立足实际，要在以种植小麦、玉米为主的同时，逐步调整农业的内部结构，实现灌溉农业、旱作农业、设施农业以及循环农业综合经营。同时，改善农业生产基础条件，对低产田进行改造，调整生产结构，加大经济作物的种植。引进适用技术，发展旱作节水农业，科学合理安排种植作物，加强乡村公路、通信、医疗卫生、学校等基本设施的建设，推进贫困地区基础设施建设。

依托既有科技优势，利用新技术和新品种，提高粮食和经济作物产量，大力发展具有市场竞争力的现代化农业。重视发展规模经营，推行从育种、生产、加工到销售的标准化生产，形成一条完整的产业链，提高农业的产业化程度。

3.大力发展农村公共事业，建立健全农村社会化服务体系。在农村基础设施方面，要安排专项资金，重点建设农村道路、饮水、生态环境、农田基建等工程，改善农业生产条件，提高农业的综合发展能力；另外，积极发挥基层党组织的作用，为农民搜集、传递市场信息，立足市场需要，帮助农民解决农产品销路问题，对农民进行普法宣传，增强广大农民的法律意识，用法律武器来捍卫农民的合法权益。转变农民观念，与时俱进，逐步改变农村落后的面貌，全面推进农村社会的现代化。

4.提升农村人力资本水平，促进农村劳动力转移。农业劳动力转移能否顺利推进，与农业劳动力的自身素质有很大关系。因此，我们必须通过教育、培训等方式来提高农业劳动力的素质，使他们更好地参与到社会竞争中去，加快农业剩余劳动力的转移。第一，重视农村教育发展，广大农村地区基础教育现状还是很落后的，农村基础教育决定着未来劳动者的素质，因此要重视农村基础教育；要加大职业教育的力度，通过科技培训、科普教育等形式，提高广大农民的科学文化素质和劳动技能，加快农村劳动力的转移。

5.转变传统观念实现自我发展。落后地区的农民长期以来形成了保守落后的思想，不思进取、不愿冒险、不愿自我牺牲，思想的落后制约着现代农业科技向偏远农村的渗透，制约着农村经济的发展。要通过各种途径转变观念，提高认识，实现农民自我发展。鼓励农民走出去，选择适合本地农业发展需要的行业，通过农民自身实践，把农业科技带进来，实现农民自我发展；拓宽农村办学思路，转变农村办学理念，把农业实用技术通过中小学的课堂，传播到广大农村家庭，以学校为点，以学生-家庭其他成员为线，扩大农业科技传播的辐射面，吸引和引导农民自觉养成爱科学、学科学、用科学的良好风气和习惯。

参考文献

［1］王计平，伍延基.甘肃省民俗文化旅游产品开发研究[J].西北师范大学学报：自然科学版，2009（5）.

［2］杨波.甘肃省旅游企业核心竞争力发展现状研究[J].丝绸之路，2009（7）.

［3］孙永龙.甘肃民族文化资源与旅游资源整合开发研究[J].甘肃科技，2012（9）.

［4］孙永龙，王生鹏.甘肃"两黄"文化资源与旅游资源整合开发研究[J].淮海工学院学报：社会科学版，2009（1）.

［5］鲍洪杰，王生鹏.甘肃历史文化资源与旅游资源整合开发研究[J].淮海工学院学报：社会科学版，2009（2）.

［6］金毅.全球化背景下民族文化产业发展的路径锁定[J].广东技术师范学院学报，2005（5）.

［7］侯志强，曹忠祥.甘肃省旅游资源开发初探[J].甘肃教育学院学报：自然科学版，1999（1）.

［8］黄成林.中国主要旅游资源的省际比较[J].安徽师范大学学报：人文社会科学版，2001（1）.

［9］刘启运，陈璋，苏汝劼.投入产出分析[M].北京：中国人民大学出版社，2006.

［10］瓦格尔，H.L.旅游经济学：金融分析指南[M].北京：中信出版社，2003.

［11］刘赵平.关于旅游卫星账户的基础研究[J].桂林旅游高等专科学校学报，2000（11）.

［12］陈秀山，张可云.区域经济理论[M].北京：商务印书馆，2010.

［13］陈仲常.产业经济理论与实证分析[M].重庆：重庆大学出版社，2010.

［14］杨公朴.产业经济学[M].上海：复旦大学出版社，2011.

［15］董承章.投入产出分析[M].北京：中国财政经济出版社，2012.

［16］高永福.现阶段我国主导产业的选择与对策研究[D].厦门：厦门大

学，2010.

　　［17］牛永红.甘肃农村经济发展现状及统筹发展的路径选择[J].产业与科技论坛，2016（12）.

　　［18］牛永红.甘肃省产业结构空间布局与地域性差异[J].城乡建设，2015（12）.

　　［19］牛永红.基于新兴工业化的甘肃工业战略体系调整[J].内蒙古财经大学学报，2013（3）.

　　［20］牛永红.甘肃现代农业发展策略研究——基于发展经济学视角的分析[J].佳木斯教育学院学报，2013（9）.

　　［21］牛永红.比较分析视角的甘肃现代服务业发展及路径选择[J].发展，2013（11）.

　　［22］牛永红.三农视角下的甘肃省经济发展对策研究[J].产业与科技论坛，2013（12）.

　　［23］牛永红.甘肃省产业体系现状及产业体系的调整分析[J].长春工业大学学报：社会科学版，2014（2）.

　　［24］牛永红.西北欠发达地区中心城市产业结构调整的路径选择——以兰州市为例[J].生产力研究，2014（4）.

　　［25］牛永红.兰州市城市经济现状及产业结构调整的路径选择[J].产业与科技论坛，2014（4）.

　　［26］牛永红.经济增长方式转变背景下甘肃省支柱产业体系研究[J].生产力研究，2015（9）.

　　［27］牛永红.基于新型工业化的甘肃工业战略体系调整[J].内蒙古财经大学学报，2013（3）.

　　［28］牛永红.兰州城市农业发展的研究思路[J].农业科技与信息，2010（14）.

　　［29］牛永红.兰州区域经济发展的对策选择——基于产业结构调整角度的分析[J].兰州工业高等专科学校学报，2011（3）.

　　［30］牛永红.兰州市第三产业发展的现状与对策[J].赤峰学院学报，2011（5）.

　　［31］牛永红.兰州地区发展创新型工业优劣势分析与对策[J].发展，2011（9）.

　　［32］牛永红.兰州地区构建西部金融中心的现实分析[J].中小企业管理与科技，2011（12）.

　　［33］牛永红.创意产业建设与兰州地区经济发展[J].发展，2012（3）.

［34］牛永红.甘肃农村经济发展现状及统筹发展的路径选择[J].产业与科技论坛，2016（12）.

［35］牛永红.甘肃城乡统筹发展的动力机制研究——基于城镇经济角度的分析[J].发展，2016（10）.

［36］牛永红.甘肃省产业结构演化过程中地域性差异的实证研究[J].生产力研究，2016（1）.

［37］牛永红.甘肃省产业结构布局与地域性差异[J].城乡建设，2015（12）.

［38］牛永红.甘肃省欠发达地区城乡统筹发展的模式选择——以庆阳为例[J].发展，2015（8）.

［39］牛永红.庆阳革命老区特色旅游业统筹发展战略选择[J].齐齐哈尔大学学报：哲学社会科学版，2015（6）.

［40］牛永红.甘肃省城乡一体化现状及统筹发展的路径选择[J].兰州工业学院学报，2015（2）.

［41］牛永红.甘肃省城乡经济现状及融合发展的机制设计[J].赤峰学院学报：自然科学版，2014（9）.

［42］边卫军，郭俊华.西部高寒区城乡经济社会一体化模式研究——以青海省为例[J].宝鸡文理学院学报：社会科学版，2016（10）.

［43］郭俊华，刘奕玮.西部地区省域内城乡一体化多元模式探析——以宁夏北部川区模式和南部山区模式为例[J].西部论坛，2014（1）.

［44］张笑寒.我国城乡关系理论与实践：回眸与评析[J].农村建设与发展，2015（11）.

［45］许传新.成都城乡一体化模式对西部大开发的借鉴意义[J].四川行政学院学报，2007（3）.

［46］藤忠.推进西部地区城乡一体化的思考[J].新经济，2014（8）.

［47］段龙龙，李杰.城乡一体化的地方试验——基于成都四种模式的调查与反思[J].河北经贸大学学报：综合版，2011（12）.

［48］王重贤.以小城镇建设来推动西部地区城乡一体化建设[J].牡丹江大学学报，2011（11）.

［49］郭俊华，刘奕玮.西部地区城乡经济一体化水平测度与评价[J]，西北大学学报：自然科学版，2013（6）.

［50］张煌强，刘结玲.西部地区城乡一体化水平与商业融合发展程度评价研究[J].广西社会科学，2016（5）.

［51］谢更放，余侃华.西部地区城乡统筹发展模式及推进策略研究[J].陕西

农业科学，2015（4）.

　　［52］杨丽，姚婷.西部城乡产业结构一体化构建研究[J].现代化农业，2013（11）.

　　［53］马雪彬，王绍琴.城乡一体化趋势下的西部农村生态环境保护[J]，长江大学学报：社会科学版，2011（10）.

　　［54］任保平，林建华.西部城乡经济社会一体化新格局的模式选择及其实现路径[J].贵州社会科学，2009（8）.

　　［55］朱金鹤，崔登峰.新疆城乡一体化进程的影响因素与评价研究[J].干旱区资源与环境，2012（12）.

　　［56］王广华.西部欠发达地区城乡统筹发展路径探究——以贵州省为例[J].兰州教育学院学报，2016（1）.

　　［57］王录仓，李巍.高寒民族地区城乡一体化研究设计[J].资源环境与发展，2011（2）.

　　［58］刘以雷.中国西部推进城乡一体化的思路及政策建议[J].新疆农垦经济，2010（3）.

　　［59］朱子金.我国西部地区城乡一体化的思路与对策[J].管理观察，2015（7）.

　　［60］刘超，王金熙.试析西部地区的城乡一体化与生态环境建设[J].管理观察，2015（7）.

　　［61］郭俊华，刘奕玮.贫困山区城乡经济社会一体化的“凤县模式”探析[J].统计与信息论坛，2012（11）.

　　［62］郭俊华，陈彼德.西部欠发达地区统筹城乡经济社会一体化的经验模式分析——以甘肃省为例[J].兰州大学学报：社会科学版，2014（9）.

　　［63］祁苑玲.西部地区统筹城乡发展研究[J].中共云南省委党校学报，2012（11）.

　　［64］石磊.西部地区统筹城乡发展存在的问题与对策研究[J].商业研究，2009（3）.

　　［65］黄旭锋.中国西部地区县域城乡统筹发展模式探讨[J].中国农学通报，2012（28）.